学习很简单

阿秀◎著

电子工业出版社
Publishing House of Electronics Industry
北京·BEIJING

内容简介

本书主要讲述了阿秀作为学霸及"个人成长"博主亲身实践的有效的学习方法，让读者能够在心态、认知、学习技巧上都获得提升。

本书中的学习方法科学有效，能够辅助读者从个人情况出发，提出合理的目标，制订有效的计划，管理时间、精力、负面情绪、专注力。书中还介绍了如何使用人类顶级学习法——费曼学习法，以及如何建立知识框架，并使用神奇笔记法进行刻意练习，使用学习日记法进行定期复盘。

本书的适用人群非常广泛，不仅包括参加中、高考的中学生，考研、考公务员的大学生，还包括考各种职业资格证的社会人士，以及需要进行日常学习与工作的成年读者。

未经许可，不得以任何方式复制或抄袭本书之部分或全部内容。
版权所有，侵权必究。

图书在版编目（CIP）数据

学习很简单 / 阿秀著. —北京：电子工业出版社，2023.5
ISBN 978-7-121-45398-4

Ⅰ.①学… Ⅱ.①阿… Ⅲ.①学习方法－通俗读物 Ⅳ.①G442-49

中国国家版本馆 CIP 数据核字（2023）第 080872 号

责任编辑：张月萍
印　　刷：三河市良远印务有限公司
装　　订：三河市良远印务有限公司
出版发行：电子工业出版社
　　　　　北京市海淀区万寿路 173 信箱　　　邮编：100036
开　　本：880×1230　1/32　　印张：6.625　　字数：174 千字
版　　次：2023 年 5 月第 1 版
印　　次：2023 年 5 月第 1 次印刷
定　　价：69.00 元

凡所购买电子工业出版社图书有缺损问题，请向购买书店调换。若书店售缺，请与本社发行部联系，联系及邮购电话：(010) 88254888，88258888。
质量投诉请发邮件至 zlts@phei.com.cn，盗版侵权举报请发邮件至 dbqq@phei.com.cn。
本书咨询联系方式：(010) 51260888-819，faq@phei.com.cn。

前言

可能还有朋友不太了解我，我简单做个自我介绍。

我来自山东东营的一个沿海小镇，通过个人努力，一路打怪升级，高考前一年逆袭近200分，原本只能上个大专，最后考上了一所老牌"985"大学——兰州大学。

在大学四年间，我基本保持专业前三名，把所有能拿的奖学金、学校奖项都拿过了，还曾经受到诺贝尔奖得主李政道先生的研究资助，最后我也是作为全校年度优秀毕业生毕业的。

后来我决定考研，用了大约7个月的时间，考上了北京大学新闻与传播学院，连续两年获得一等奖学金。

毕业之后，我留在了北京，进入一家副部级单位，成为机关报的一名记者，还阴差阳错地成为一个"个人成长"方向的自媒体博主，专攻效率、学习方法、认知提升，我的个人IP叫"进击的阿秀"。现在全网有300多万粉丝，我也是微博十大影响力职场博主。我毕业两年，就实现了年入百万的收入目标，个人成长经历曾两次被《人民日报》报道。

为什么要分享我的这段经历

一是告诉大家，我在个人成长和学习方法方面，确实有一些自认为成功的可分享的经验；二是告诉大家，像我这样来自山东小镇的普通家庭的孩子，从只能上大专的分数，不被周围所有人看好，一路打怪升级考上北大，到现在职业上的成就不比任何同学的小，恰恰说明了不认输的心态以及正确的方法，是能够实现光速成长的。

简而言之，一句话：学习，能够改变命运。

我在自己的公众号"进击的阿秀"上，曾经写过这么一段话：

"人类社会正在面临转折，未来十年或更长期，世界会有巨大变革。一方面，旧的技术红利已经到头，许多旧格局、旧行业、旧模式将被颠覆；另一方面，传统的故事、规则正在改变，很多我们习以为常的认知，都正在失效。"

在这种背景下，普通家庭的孩子想要出人头地，最好的办法就是"好好学习"。

这里说的"好好学习"，不仅仅是狭义的拿个好成绩，考个好大学，找个好工作，而是更为宽泛的学习：

学习的关键，在于改变自己，改变自己对经验的解读方式，改变自己接收和处理信息的方式，改进自己的行为方式，而不仅仅是拿个高分，更不仅仅是刷书、刷题。

学习的终极目的，是让你知道不管身处何方，你都有机会改变命运，只不过你需要训练自己不断成长，在这个世界上找到适合自己的位置。

本书的价值是什么

本书不仅适合大、中学生，还适合已经进入职场的人，因为其本质上是一套自我训练的成长方法——不仅仅是"提高分数"的策略，更是一套综合的理念、方法。比如：

1. 培养"强人心态"，主宰自己。

你要知道，你是自己的主宰，你要为自己的一切负责——既要为那些已经发生的事情负责，也要为那些本该发生，但是没有发生的事情负责。

不要期待好老师改变你的命运，不要期待好领导改变你的命运，更不要期待时代和行业变动改变你的命运……

你要认真思考，怎么主动改变自己的命运。

2. 培养"主动意识"，想清楚你到底配得上什么。

投资大师查理·芒格说过，想要追求理想的生活很简单，就是要让自己"配得上它"。

每个人在开局时都是不完美的，甚至面临的机会也相差不多，但是为什么三五年过去，人和人的差距会如此明显？

原因就在于，有些人主动想办法解决问题，而有些人宁愿忍受，也不愿意动脑子解决问题。有句话说得好，有些人为了"不动脑子"，什么事情都愿意做。

本书的一个重要理念，就是帮你想清楚，如何把自己当成一件产品，如何让自己优化迭代。

3. 神奇笔记法，帮你填补知识上的漏洞，帮你刻意练习；学习日记法，帮你记录下自己的一言一行，从而优化自己的学习；费曼学习法，通过向别人讲解你学到的知识，提升你对知识的熟练度和认知深度。

关键并不在于这些方法，而在于你要主动寻找办法提升自己，解决自己的不完美，从而配得上更好的生活。

4. 主动"参与竞争"，既然无法避免竞争，那么不如想清楚自己能为此付出什么。

现在很多人都在鼓吹躺平，拒绝努力，拒绝奋斗。其实，并没有任何一种生活天然错误，每个人的人生选择都自有道理。但是关键在于，绝大多数人都没有办法真正躺平，都要被时代洪流带着往前走。

人就像坐上了电梯，你以为自己静止不动，其实一直被带着往前走。既然无法躲避竞争，那么不如主动参与竞争，争取占据一个有利位置，想尽办法提升自己，这会更有意义。

不得不说，学习方法本身也是有高下之分的。网上有各种各样花里胡哨的学习方法，但要么是中看不中用，要么是只适用于表演和比赛，要么是时效很短，无法帮助你应对考试和实践。

本书中介绍的几种学习方法是本书的核心，融合了目标设计、OKR制定、定期复盘，以及刻意练习，还有用输出促进输入，让你不再稀里糊涂地学习，而是把学习变成一个具体的项目，通过目标—计划—数据—反馈这套逻辑来提升实际学习效果。

这套方法，不仅很多"北清"的学霸在用，很多在社会上已经取得较高成就的人，也都在用类似的方法，只不过大家的叫法可能不一样。

总而言之，希望大家坚定一个信念：如果把时间尺度拉长，学习是这个世界上回报最高的事情，只要你一直在坚持，愿意付出时间和精力，保持积极的心态，使用正确的方法，你的生活自然就会越来越好。

衷心希望你，未来活在上升的曲线上，而不是下降的曲线上。

最后送给大家一句话：

重要的不是当前的位置，而是方向和速度，以及加速度！

目录

第1章 心理建设：打造强人心态，改变个人命运 / 1

01 主动寻找出路，否则只会泥足深陷 / 1

02 学习就是主动的"自我革命" / 3

03 笨蛋主义：最聪明的成长法则，就是像笨蛋那样努力 / 4

04 向学习注入热情：先成功，还是先热爱 / 6

05 所有"质变"问题，都是因为"量变"不足 / 8

第2章 学习目标：制定对的目标，就成功了50% / 10

01 Specific：目标具体化，才能被感知 / 11

02 Measurable：目标可量化，才能可执行 / 12

03 Attainable：好的目标，超出你的能力15% / 13

04 Relevant：找到相关性目标，才能避免无效努力 / 15

05 Time-bound：先让目标完成，再让目标完美 / 16

第3章 制订计划：好计划，是走向成功的地图 / 18

01 不要轻易改动目标 / 20

02 KR的数量，限制在3~5个 / 20

03 定期复盘，让成绩稳步上升 / 21

04 引入第三方视角，不要独自拆分OKR / 23

第 4 章　精力管理：所有工作干到最后，都是拼体力　/ 25
01　"吃得不对"，必然没有精力　/ 26
02　睡好觉，是精力充沛的根基　/ 31
03　运动，用 20% 的投入带来 80% 的能量产出　/ 34

第 5 章　心态管理：把压力转化为动力，让自己爱上学习　/ 37
01　目标简单化：让"开始"更简单，战胜拖延症　/ 37
02　即时化奖励：用奖励，让自己爱上学习　/ 38
03　邓宁-克鲁格效应：剖析自己，走上开悟的山巅　/ 40
04　不要畏惧压力，学会跟自己和解　/ 42
05　梦想激励：当你没有方向时，所有风都是逆风　/ 44

第 6 章　超强专注：长时间专注学习，一分投入三分收获　/ 47
01　目标颗粒化：拆分工作，打消你的畏惧　/ 47
02　高效能学习场：优质的学习环境，让效率加倍　/ 50
03　节约大脑带宽：清除负面信息，提高专注力　/ 51

第 7 章　时间管理：靠 3 招，每天多出 2 个小时　/ 55
01　时间红利：学会这套方法，每天节省 2 个小时　/ 56
02　优先级管理：每天都要思考，什么事情更重要　/ 58
03　人是习惯性动物：工作习惯化，让学习"自动运转"　/ 63
04　时间管理小技巧　/ 64

第 8 章　费曼技巧：人类顶级学习法，4 步成长为学习高手　/ 68
01　制定目标　/ 69
02　输出知识：输出，是检验学习成果的试金石　/ 70

03 "333原则"：每一次实践，都让你进步一点儿 / 72

04 再次输出，看有没有新的玩法 / 74

第9章 学习日记：每日复盘，见证学霸的成长之路 / 75

01 不要欺骗自己，如实记录遇到的问题 / 77

02 刻意练习，有针对性地解决学习中的问题 / 81

03 定期回顾：你的学习和工作，是否符合预定计划 / 84

第10章 知识框架：体系化学习，为知识建立编码 / 86

01 知识框架：为知识建立编码，加深对知识的理解 / 86

02 建立知识框架:摸清知识点间的关系,打造知识模型 / 89

03 结合费曼学习法，对整个知识框架进行复习和拓展 / 92

第11章 超强记忆：防止学了就忘，7招掌握记忆规律 / 93

01 记忆的核心秘密 / 93

02 净化信息环境，"专心"能大幅提高记忆力 / 96

03 训练自己的记忆能力 / 97

04 睡觉前或者起床后记忆 / 98

05 学习日记法、费曼学习法和知识框架法 / 98

06 保持良好的睡眠 / 99

07 想尽办法多次重复 / 99

第12章 高效读书：重质又重量，建立私人知识库 / 101

01 不是每一本书都值得读 / 102

02 带着问题读书，学以致用 / 104

03 结构化拆解一本书 / 105
04 费曼学习法与关键词拓展，读书效率翻一倍 / 106
05 给阅读困难症患者的一些建议 / 109

第 13 章 自学宝典：在短时间内，快速掌握一个新领域 / 111
01 赋予学习意义，想清楚为什么学 / 111
02 先升维，再降维 / 113
03 "日行三十公里"，不要打断学习链条 / 115
04 马上用起来，或者进行输出 / 116

第 14 章 神奇笔记：向高手偷师，阿秀私享学习"大杀器" / 118
01 康奈尔笔记法：史上最高效的笔记方法 / 119
02 使用康奈尔笔记法复习 / 120
03 建立错题本，让康奈尔笔记变成神奇笔记 / 123

第 15 章 高效复习：争取以最短时间，让考试成绩三级跳 / 126
01 复习的次数与间隔 / 127
02 复习的内容和形式 / 128
03 针对性复习：精准提高，成绩跳跃的关键 / 130
04 考前 3 个月，尤其要注意的 3 个关键点 / 131

第 16 章 考试拿分：3 条速成路径，创造考试奇迹 / 134
01 出题者思维：考试怎么考，你就怎么学 / 135
02 研究参考答案：让你的答案无限逼近"标准" / 136
03 试卷分析与刻意练习：针对性提升，让成绩三级跳 / 139

第 17 章 "治愈"偏科：让你的短板，成为王牌科目 / 144
01 为什么偏科可以被"治愈" / 144
02 解决偏科，你也能拿到 80% 的分数 / 148
03 掌握基础知识：80% 的都会，会的都做对 / 148
04 如何找到适合自己的学习方法 / 149

第 18 章 写给"学渣"：天赋差的人，也有逆袭的机会 / 151
01 为什么"学渣"也能大幅度提高成绩 / 151
02 精准努力：掌握关键知识，让成绩爆发式增长 / 153
03 目标倒推：先想清楚诉求，再拆分目标 / 154
04 实事求是：面对真实的自己，是成绩爆发的第一步 / 156

第 19 章 超常发挥：考场上如何超越平常水平 / 161
01 打造钝感力：培养强大的内心，决不被困难打倒 / 161
02 考试节奏与考试技巧：举重若轻，源于充分的准备 / 165
03 考前复习：适度紧张，重点筛选，考前准备与生活习惯 / 167

第 20 章 写给高考：6 招备考快速提分，创造考试奇迹 / 169
01 在语文、数学、英语当中，选一科打造成王牌科目 / 170
02 高效刷题，避免低效努力 / 171
03 挑选参考书，给自己装上成绩助推器 / 172
04 做 5 年真题：知道考什么，才知道怎么学 / 174
05 建立梦想参照系：你离自己的梦想大学，还有多远 / 176
06 培养强人心态：自强，是解决一切问题的根本 / 177

第21章　写给考研：在500万考研大军中，6招逆袭上岸　/ 179

  01　心理准备：改变学历最后的机会，你准备好了吗　/ 180

  02　研究经验帖：学习教材、复习计划　/ 181

  03　社交与人际关系：考研是一场孤独的战斗　/ 182

  04　考研英语：做好4点，秒杀50%的竞争对手　/ 184

  05　专业课、数学、政治　/ 186

  06　看论文和联系导师　/ 188

第22章　成人学习：走上社会之后，如何准备考公、考编、职业资格考试　/ 191

  01　不要想太多，干就完了　/ 192

  02　通过目标倒推行动　/ 193

  03　用定量标准指导工作　/ 194

  04　管理生活中的负能量，以及那些让你分心的东西　/ 195

  05　在生活和学习中，建立仪式感　/ 196

第1章　心理建设：
打造强人心态，改变个人命运

学习的本质，关键在于改变自己，改变自己对经验的解读方式，改变自己接收和处理信息的方式，改进自己的行为方式，而不仅仅是拿个高分，更不是刷书、刷题。

学习的终极目的，在于训练自己不断成长，在这个世界上找到适合自己的位置。

本书不仅适合大、中学生，也适合已经进入职场的人，因为其本质上是一套自我训练的成长方法。

在本书里，我不会讲很多"高大上"的科学理论和方法，或者是我都用不了的方法，我只会讲对我有用，或者我知道的大咖和身边的同学曾经用过的好的学习方法。

在这一章，我来讲讲关于学习的五个重要认知，也算是给大家做一个心理建设，这可能会改变很多朋友对学习和成长的看法。

01 主动寻找出路，否则只会泥足深陷

首先必须要明确，在学习、生活和工作中，任何时候都要保持主动，永远都要主动寻找出路，否则逆水行舟，不进则退。正是因为学习很痛

苦，所以我们要付出十二万分的热情。

这不是给大家灌鸡汤，心理学家有很多这方面的研究。

很多人都有一种认命的心态，总觉得自己努力了很长时间，但是一直看不到曙光，一直得不到正向反馈，于是就会采取一种特别消极的态度。

久而久之，大脑就会潜意识地认为，不管做什么都没办法改变命运，于是就会陷入一种习得性无助的状态。这就是说，失落感是逐渐积累起来的，你经受的挫折越多，你的失败感越强，你离开原地的困难就越大。

任何考试、比赛，不光是题目、对手、天赋的竞争，也是心态的竞争。

比如在高一、高二的时候，在满分 150 分的情况下，我的数学只能考八九十分，考到 100 分的时候很少。而且从小学到高中，我的数学成绩都非常差，所以有很长一段时间我认为，我就是没有数理天赋，所以数学差也很正常。

但是问题在于，你想上一所什么样的大学，你想成为一个什么样的人。如果你想去一所好一点的大学，如 "985" 大学、"211" 大学，那么你的天赋怎么样并不重要，重要的是你要怎么解决问题，怎么让自己的成绩提上来。

当然，当时我没有这种认知，我就是觉得自己也不比别人笨或者傻，别人能行，我也一定能行。所以在高考的前一年我开始海量刷题，从八九十分的水平，一路干到 146 分的水平。

至于是怎么做的，后面我会分享，但核心就一个，就是绝对不能认输。你只要认定了一点，就是别人能做到的，你也可以做到，那么你就一定有机会赶上来。但前提是你要主动花时间寻找解决问题的办法，这是一切成长和进步的根本。

02 学习就是主动的"自我革命"

学习是一场主动的自我训练，尤其是在各种考试当中，不仅要让短板不短，还要让长板更长。

因为大多数考试都是竞争性的，比如中高考、考研、考公务员（以下简称"考公"）、考编制（以下简称"考编"），甚至很多从业资格证考试都是这样的。仅仅优于过去的自己是没有用的，这就要求你在总分上比别人的要高，也就意味着你不能有太严重的短板。

可能有些读者知道什么是刻意训练，说白了，就是主动把自己的短板变得不短，让长板能够更长。

我们绝大多数人的学习都是一本书从头看到尾，一套题从头做到尾，没有任何针对性，所以成长的速度不够快。

每个人学习和准备考试的时间都不是无穷无尽的，所以与其漫无目的地学习、做题，不如先把旧的内容搞扎实，搞明白自己的优势在哪里，自己的弱势在哪里，然后专门针对自己的弱势区域，制订冲刺计划。

因为越是弱势的地方，提高的空间越大。

就拿高考分数来说，语文考 80 分，数学考 120 分，那么如何能更快地提高 30 分呢？虽然在理智上，很多同学知道肯定是语文提高 30 分比较容易，毕竟语文 110 分也就是一般水平，但是会下意识地多练数学。

花大量精力提高 10 分数学，跟花一半的精力提高 30 分语文，哪个效率高呢？当然是后者。从这个角度来说，比较偏科的同学，反而有快速提高的潜力（具体怎么做，我后面再说）。

这就是后发优势。差，不要紧，只要你找到薄弱环节，不断刻意练习，就有机会获得突破。

大家可以想象一下，农业上的大水漫灌，当然也能起到灌溉的作用，但是效率远不如喷灌和滴灌，用水量多三五倍不说，效果也未必好。

这就是刻意练习的价值。

03 笨蛋主义：最聪明的成长法则，就是像笨蛋那样努力

这一点非常重要，就是你要承认自己只是一个普通人，然后像一个普通人一样去努力，而不要总觉得自己是天才，不需要努力或者随便努力一下，就可以获得很好的回报。

投资圈大佬，桥水基金的创始人达里奥，他就说："我阅人无数，从来没见过一个人天赋异禀。"

这就是说，大家都是普通人，不要好高骛远，不要一口气吃成一个胖子。

但很多时候，这种急于求成的想法很难摁住，因为人的心理需要自洽。大多数人都会有一种自信，需要彰显自己的"优秀"，哪怕自己学习不太好，也要自我催眠——我已经不错了，我起码比谁谁谁更强，这次没考好是因为题目太难。

我们会下意识地找借口，或者美化自己，因为人会本能性地拒绝承认自己的普通，都愿意相信自己是最特别的那个。

但大家都要早早接受自己是一个普通人的设定，这不是否定你，而是建议你像一个普通人那样去努力。我也是后来才接受了这个设定的。

比如别人只记3遍单词，我就记50遍，我每天光写单词，就能用完一支中性笔；

比如别人背书只背3遍，我就背10遍，总比对标的那个高手高一到两个量级；

比如在高一、高二的时候，我的数学只能考八九十分，但我额外刷完很多套题，高考数学就 146 分了；

比如别人每天学习 10 个小时，我就学习 17 个小时，我在高考和考研的时候，都是一天只睡 6 个小时左右，所有的时间都用来学习。

可能有人会觉得，你这不是傻大黑粗吗？你这不是闷头硬干吗？你这不是低水平内卷吗？

但事实就是，我的成绩越来越好。

这就是日本"经营四圣"之一稻盛和夫所说的，像笨蛋一样去努力。

我在考研的时候，同学校还有三个同学，也要考北京大学新闻与传播学院。我总感觉他们准备得比我好，因为我看他们都表现得好像很有信心，时不时地会跟我说，他们准备得有多好。

我准备报考的这个专业，当时只招 7 个人，所以我的压力也很大。

那怎么办呢？只能一条道走到黑，把努力红利先用完，别人的努力值是 1，我就先干到 2，然后再说效率的事情。

结果只有我被录取了，那三个同学都没有进面试。

我采用的是"像笨蛋一样去努力"的策略。但后来我发现，那些以前学习成绩更好的同学，并不是真的比我聪明，只不过他们付出了更多的努力，积累了更大的势能。

教育中也存在马太效应。越强的人就越愿意投入，因为他们能够看到曙光；越弱的人反而越不愿意投入，因为一方面是努力低于回报，另一方面是总觉得自己不行，把大量原本可以用来干正事的时间用在了安慰和鼓励自己上，于是就变得越来越差。

这样的同学，还不如承认自己的普通，因上努力，果上随缘。当你不够聪明的时候，就要笨鸟先飞，不仅要先飞，还要飞很多次，进步明显且扎实，就可能打开新局面。

认识到人生唯一可以依赖的路径，就是像普通人一样努力之后，你反而会踏实得多。

当你用这种方法取得了一点成绩时，你的信心会有爆炸性的提升，你会发现自己也有办法取得成就，还有什么比这更能激励你的呢？

04 向学习注入热情：先成功，还是先热爱

学习本身非常痛苦，所以你才要热情万分地投入。

据说阿里巴巴刚开始招销售人员的时候，只要"苦大仇深，一贫如洗"的人。因为这些人经济上特别困难，因此很想改变命运，更容易背水一战，全力以赴达成目标。

很多老师都宣传快乐学习，其中有些老师上课就是讲段子、讲故事，真正的知识和方法讲不了多少。

而我认为学习是一项苦差事，多数时间都特别无聊，特别没意思，特别想放弃。但是当开始有成果的时候，你才能逐渐感受到一点点成功的快乐，你才会爱上学习。

从这个角度来说，失败不是成功之母，而成功是成功之母，因为失败无法让你感受到快乐，但成功可以。

比如很多人打游戏会上瘾，就是因为有正向反馈。

当你打游戏反复失败时，你能坚持多久呢？可能三五次就想要放弃了，因为你会觉得无聊、气馁。

但是如果在游戏中，有时候成功，有时候失败，只要你一直在成长，获得各种各样的奖励，你就不觉得枯燥，因为你在付出中收获了回报。

这是人的心理机制，一直苦不行，一直甜也不行，最好是有苦有甜。

有成功，有失败，尤其是通过自己的努力获得成功，人才能感受到希望。

学习也类似于这种心理机制，但又有所不同。可能学习前期的黑暗期太漫长，你必须投入巨大的热情，坚持到有一点成绩回报，你才能有成就感，才会有一点爱上学习。

学习对你的考验不仅仅是考试，还有前期的痛苦、绝望、无聊，能冲过去，世界就是你的；冲不过去，你就只能趴在原地，永远等不到黎明的到来。

有一个日本记者，他在三十多岁的时候立下了一个大愿望，就是每年读 150 本经济学方面的书。因为他很少看专业资料，思维得不到锻炼，对一些领域的知识体系没有系统掌握，思来想去，他就选择了经济学这个学科。

由于是外行入门，再加上 150 本书的任务太重，相当于两天一本，所以他前期很痛苦。他会把读完的书名记到日历上，如果这个月没有读完，就熬夜阅读。

一开始他完全记不住，也看不太懂书上说了什么。但是一年之后，他的思维和知识库发生了巨大的变化，他已经成为一个经济学内行了，而且看到一条经济新闻，就能理解其中的背景。他还成了一个经济学作家。对于他来说，读书越来越成为一种享受。

学习从一开始就没有很容易的，但并不代表没有快乐的那一天。你能不能坚持到临界点来临，那就是你自己的事情了。

但话又说回来，满打满算，这个日本作家也就奋斗了一年，读完 150 本书，成了这个领域的专业人士。

这个时间说长不长，回报是非常丰厚的。

这也是为什么我经常劝一些同学，不管是高考还是考研，或者是考公、考编，与其花大量的时间纠结为什么没动力、没天赋、运气差，还不如拼上一年，投入全部的热情学习，最后也能够在一些领域获得不小的积累和成就。

用一年改变起码十年的生活，难道还有比这更划算的买卖吗？

05 所有"质变"问题，都是因为"量变"不足

所有你以为是"质变"的问题，其实本质上都是"量变"不足带来的。

这是什么意思呢？就是你以为方法和技巧，是让你不需要做出什么努力，就能够获得质变的进步。但实际上不是，任何方法和技巧本质上都是让你的努力更有效果。

所有的学习技巧，都是在海量练习的基础上，有针对性、有目标性，反复训练自己、提升自己的。

所有的质量问题，大多数都是因为数量不够，差了几个数量级。但是我们总认为自己缺少一些奇技淫巧，总希望少付出、多收获。

这时候各种无病呻吟就出现了，很多人甚至寄希望于玄学。但底子不够厚，很多事情就是做不到。即使有时候看起来有捷径，欠的账迟早也是要还的。

或许有人问，那学习方法的意义是什么呢？

学习方法的意义，就是扶你上马、推你一把、再送一程，就是帮你找到正确的方向，然后教你正确的工作方法，教你如何高效地刷题、管理时间、管理精力，如何有效地给你反馈，从而让短板不短，让长板更长。

学习方法不是取代努力的，而是放大努力的。

如果说你不懂技巧，以前学习是把水烧到了60℃，你付出了很多努力，这水现在也很热，但不沸腾，总感觉怎么努力都没有变化，没办法突破到下一个量级。

方法的意义就是帮助你，找到把水烧到70℃、80℃，甚至100℃的路径。但是这条路你到底走不走，走得坚定不坚定，能走多远，还是要看你自己，这是谁都没办法取代的。

以上，就是关于学习的五个重要认知。这五个认知可以算是这部分的总纲，也是你在学习道路上的指南针，希望大家可以反复阅读这一章内容。

第 2 章　学习目标：
制定对的目标，就成功了 50%

在阅读这一章之前，我们可以思考一个问题：为什么学习要制定目标？

因为目标自带指引效果，类似于北极星，你必须全力以赴朝这个目标出发，才能够得到你想要的。

每个人在学习的时候，都会隐隐约约有一个目标。比如这次期末考试，我一定要有进步；高考或者考研，我要考上清华大学；我今年一定要考上公务员；我今年一定要看完 100 本书。

这些目标的制定方法，顶多算是想法，并不具备实操性，毕竟这些想法要么太模糊，要么太宏大，要么没有具体可执行的计划，是很难落地的。

这不叫目标，叫冲动，这股子冲劲往往转瞬即逝。

我们从小到大都有这样的目标，没有几个是真的实现得了的。

大多数时候，你对这个目标完全没有感知。这个目标到底代表什么，你离这个目标还有多远，这个目标能不能实现，以及多久能实现，你一无所知。所以你就会特别懵，你根本就没感觉自己需要实现它，所以也不会特别渴望。

那么应该如何制定学习目标呢？

我推荐给大家一个 SMART 目标法则：

- S 就是 Specific，具体的、明确的。
- M 就是 Measurable，可量化的、可以度量的。
- A 就是 Attainable，可以实现的、能做到的。
- R 就是 Relevant，相关的、有关的。
- T 就是 Time-bound，要有时间限制，不能漫无目的做下去。

具体应该怎么操作呢？

01 Specific：目标具体化，才能被感知

第一个原则，就是目标具体化。

我们的目标之所以不够具体，往往是因为目标的概念无法界定。

比如你说要成为大富豪，那么赚多少钱算是大富豪呢？对"富豪"这个概念，你没有说清楚。

比如你说要提高成绩，那么怎么算是提高成绩呢？是进步10名，还是总分提高100分，抑或是成为年级第一呢？对这些概念也没有说清楚。

比如你说要考一所好大学，那么什么大学算是好的呢？是一本，还是"211""985"，抑或是"双一流"？这就远远不如说你要考上清华大学、四川大学、武汉大学等，来得更具体。

比如你跟你的妈妈说："如果我考上公务员，您要请我吃大餐。"那么什么是大餐呢？衡量标准是什么？是麦当劳、肯德基，还是人均100元的西贝，抑或是人均1 000元以上的怀石料理呢？

千万别小看"具体"。如果你提出的目标概念很模糊，它就没有指引你的作用，你会无所适从。

你只是有一种特别模糊的感觉，但具体说的是什么你不知道，这就不算是一个好目标。

02 Measurable：目标可量化，才能可执行

第二个原则，就是目标可量化。

目标可量化，实际上是在目标具体化的基础上又进了一步。那怎么才算是具体的目标呢？就是能够用数据衡量的目标，因为不同的量级，需要的方法是完全不一样的。

也就是说，这个目标到最后是不是实现了，离实现还有多远，或者超额完成了多少，一定要有一个数据来量化。

每一个具体目标的背后，都要配套一个数据门槛，就是你达到什么样的数据要求，才算实现了这个目标。

比如说你的目标是发财，那么赚多少钱算发财呢？如果不明确赚多少钱算发财，那么目标就没办法指引你，因为赚 100 万元和 1 亿元，完全是不一样的思路。

比如说你要考上清华大学，那么考清华大学就要有一个数据门槛。例如，在山东，高考要考 680 分，才能上清华大学；或者考到全校前十名，才有机会上清华大学。那么你的高考目标就是考到 680 分以上，或者考到全校前十名。

我们继续倒推，每个科目要考到多少分。比如英语，起码要考到 145 分左右，那么 105 分的选择题是不能错的，或者顶多扣一两分；剩下的两篇英语作文，可以扣三五分。

根据这个标准，我们继续量化下一步的目标。比如要做好阅读理解题，那么就要记好单词。这时你就不能提出一个"我要把单词都记住"的目标，而是"我要记住考试大纲上的 5 000 个单词"。

我们可以继续细化这个目标。如果距离考试还有一年，你准备把这5 000 个单词记 12 遍，那么就相当于每个月要记 1 遍。如果工作日记单词，周末再把工作日记过的单词重复一遍，那么就相当于每个工作日大约要记 200 个单词。

在记第一遍和第二遍的时候，你会发现非常痛苦，但是后面你会记得越来越快。

这就是把整个大目标不断拆分、不断量化的过程。因为只有可以量化，你才能切实感受到目标，同时也方便评判自己是不是很好地完成了目标，以及距离目标还有多远。

实际上，如果每一个分目标都已经达成了，那么你大概率是能够实现最终目标的。

03 Attainable：好的目标，超出你的能力 15%

第三个原则，就是目标是可实现的。也就是说，你提出来的目标，以你现在的水平，只要努力是可以达成的。

这里分享两个可能有一点矛盾的知识点。

（1）在日常训练上，你提出的目标要建立在现有水平的基础上，一般提高 15%~20%比较合适。我称之为训练目标。

比如你原来一年读不完 10 本书，但你现在提出一个目标："我一年要读完 100 本书"。这个目标就不现实。

比如你原来学习很差，理科思维几乎一塌糊涂，物理、化学完全不会，但是你现在立志要做理科生。这也是很难实现的。

我建议大家先对自己的水平有一个基本的评估，知道自己的优势和劣势分别在哪里，以及自己追求的这个目标到底是地狱级别的难度，还是一般级别的难度,抑或是小白级别的难度,然后提出目标。

一般在日常学习当中,我建议大家提出一个比实际能力高出15%的目标。注意,是在日常训练当中,而不是在最终目标上高15%。比如你平常考600分,就不要设定一个高考690分的目标。这里是说日常训练的难度,比平常高15%。

比如原来你一天能记100个单词,那么现在你要记住115个;原来你一个月能做30张卷子,现在你要做35张;原来你的极限是跑1 000米,现在你要跑1 150米。

这是什么意思呢?就是通过温和地加量,来提升你的速度和耐受能力。

这个加量不会让你感觉很难完成,它会温和地提高你的成绩。

比如在武侠故事中,武林高手要想练轻功,就每天抱着一头小牛犊练跳高,随着这头牛不断地长大,他的轻功自然就练成了。还有,就是在家门口栽一棵小树苗,每天从树苗上面跳过去,随着树慢慢长高,你就有机会练成轻功了。

(2)在设置最终目标的时候,你选择的目标最好比现在高起码两个量级。注意,这里说的是最终目标。

比如你现在是三本的水平,梦想考上二本,那么你最终要么是上三本,要么是上二本尾巴的学校,因为你不会以很高的标准来要求自己。

我建议大家提出的目标要比现在高出两个档位。比如你现在是三本的水平,那么你就追求一个一本的目标,或者"211"的目标。比如你本来准备三年考完注册会计师,每年考两门,那么你就争取每年考三门,考两年。

古人说得好，求上得中，求中得下，求下而不得。

如果你设置的最终目标只比现在高一点点，那么你得到的很可能是一个大差不差的结果。向上进取的道路或许艰难，但是向下坠落的道路却很容易走，总有一天会退到无路可走。

04 Relevant：找到相关性目标，才能避免无效努力

第四个原则，就是找到相关性目标。

这是什么意思呢？我们在制定目标的时候，经常会涵盖很多与当下最核心的目标毫无关系的事情。

比如你明天就要考研了，但是今天很喜欢的美剧更新了，你应该把看美剧列到计划表里吗？

准备了一年的考研在即，这才是生死攸关的事情，其他一切无关的安排都应该为此让位。

同时你还要认真地想清楚，你提出的这个计划，和你的目标是不是真的那么相关。

记住，永远优先做相关性最高的那项工作。

比如你现在要高考了，但是你一直担心自己的字写得不好，会扣印象分。那么，你应不应该专门抽出时间来练习写字呢？

答案是不应该。因为在各种相关性里，字的美丑与考试的相关性是最低的，而做题的速度、准确性以及解决难题的能力最重要，你就不应该花时间来做一件相关性低的事情。

因为练字需要投入大量的时间和精力，但是见效很慢。更何况即便字写得很丑，但是答案正确，也不会影响得分。综合来看，这个投入产出比就小得多。

05 Time-bound：先让目标完成，再让目标完美

第五个原则，就是要有时间限制。

为什么要限制时间呢？管理学上有一个帕金森定律，意思是：如果你给员工一个任务，这个任务原本只需要 3 天完成，但你给了他 1 个月的时间，他往往不会在这个月的前 3 天完成，而是会在这个月结束前的最后 3 天完成。

为什么会出现这种情况呢？这是因为人天生把握不了比较长期的时间尺度，但凡时间尺度一拉长，就会出现拖延、搞不清楚重点、浪费时间的情况。

也就是说，你的目标越遥远，你对时间的感知能力和自我管理能力就越差。

但是绝大多数考试都是有非常明确的时间点的，如果你漫无目的地学习、没有节奏地学习，最终将很难应对考试。

那么，应该如何制定这个时间限制呢？

我可以分享三个原则：

第一，最重要的是要有统筹意识。

首先根据前面讲的四个原则，提出一个切实可行的目标，然后倒推，看自己需要做多少工作，给每个时间段分配工作。

也就是说，如果你规划了一个 6 个月的目标，现在你就要拆分这个目标，分配到每个月里，或者每两个月里。

你需要对当下所有的工作、学习时间、学习效率做一个统筹。

第二，要宽紧适当。

你既不能提出一个远超出自己能力的任务，也不能提出一个极易完

成的任务。例如，你既不能一个月记 10 000 个单词，那时间太紧了，也不能每周只记 100 个单词，那太宽松了。你也不能让自己一个月记 1 000 个单词，平均每天记 30 多个单词太容易了。

更合理的方法是，每周记 1 000 个单词。

读书也是一样的。比如你以前每年读 10 本书，现在提出计划，每年要读 200 本书，但你又没有那么多的时间，这个计划就肯定完不成。那你就可以提出一个每年 50 本书的阅读计划。

第三，要学习时间管理。

我们大多数人的问题还不在于提出的时间目标不合理，而是经常前松后紧，也就是刚开始的时候浪费了大量的时间，等工作快要截止时，就着急忙慌地赶任务。

我的建议是将任务拆分成不同的小块，每隔一个时间段，就对自己最近完成的工作量复盘一次，看什么工作量没赶上进度，抓紧时间补上。

举一个简单的例子。比如我今年的阅读计划是 50 本书，平均下来就是每个月阅读 4 本书，当每个双月或者一个季度结束时，复盘自己最近的阅读进度。

很多人之所以焦虑、恐慌，未必是因为任务太难，多半是因为自己对整体的任务和时间安排没有把控。未知的，就是最可怕的。但是当你把所有的任务都落到纸面上，写到自己的时间框架当中时，焦虑就会大大缓解。

第3章 制订计划：
好计划，是走向成功的地图

大多数时候，我们学习都只有一个模糊的目标，而往往没有明确的目标，计划更是完全没有。

如果说目标是最核心的追求，是你需要完成的指标，那么计划就是你应该如何实现这个目标，你在不同的时间段应该做什么、做多少、怎么做，做完了以后怎么评判操作的效果，如果效果不够好，应该如何加强。

绝大多数学生从小到大都没有明确的学习计划，因为在中小学完全是被老师带着往前走的，到了大学就更不需要学习计划了，经常是前16周上课，或者连课也不上，到了最后一个月疯狂学习。久而久之，我们要么是不会制订计划，要么是不会主动制订计划。

所以在成年之后，我们也没有制订学习计划的习惯，经常是四面出击，有枣没枣打三竿子，拿到什么书就看什么书，拿到什么试卷就做什么试卷，做事情完全没有章法。

这就意味着，大量的时间被浪费了，大量的工作被重复了，很多需要加强的内容被放过了。

在上一章中，我们讲了应该如何制定一个能够提升指向性的目标；在这一章中，我们再进一步，即如何根据这个目标制订一个学习计划。

这里我向大家推荐很多科技公司都在用的 OKR 方法。

这些年，OKR 工作法被炒得很火，被公认可以大幅度提升学习效果。

那么，什么是 OKR 呢？

OKR 的全称是 Objectives & Key Results，中文意思就是目标与关键结果。

OKR 工作法是从英特尔兴起，风靡整个硅谷的工作方法。它实际上是一套比较科学的工作流程，因为它能够很好地管理你的工作过程，同时能把你的注意力聚焦在核心 KR 上。按照这个流程，不断地拆分目标、反馈结果、总结和改进工作，你就能够不断地成长。

这个 O 就是我们之前讲的目标。比如你高考想考上北大，你考研想上一所更好的学校，你考公想上岸，这些都可以算是一个目标。

KR 就是要实现这个目标，你认为自己应该做什么。

如果你已经定下了一个目标，那么应该如何拆分目标，也就是通过列出 KR 来实现目标呢？

在进入这个话题之前，我们先来说说一个好的 OKR 是什么样的。

比如我在高一的时候，在全年级是 500 名的水平，日常考试大约是 550 分的水平，估计高考也就能考上二本。我想在高考的时候做到全年级前 5 名，考出 680 分上清华大学，那么应该怎么制定一个 OKR 呢？

现在目标比较明确了，就是进入全年级成绩的第一梯队，高考提升 130 分左右，考上清华大学。

那么 KR1 就是语文、数学、英语，还有文综或者理综，不能偏科。如果是 750 分的总分，英语和数学都要考到 140 分以上，语文要考到 135 分以上，文综或者理综要考到 265 分以上。

KR2 就是找到关键节点上比较薄弱的部分，看自己应该如何在不伤害其他优势科目的情况下补齐短板，同时让长板更长、短板不短。

KR3 就是管理好自己的时间、精力、生活、娱乐，为学习提供强大的动能。

下面我们来讲讲在制定 OKR 的过程中，应该注意哪些要点。

01 不要轻易改动目标

目标在设定好了之后，尽量不要改动，而是要思考自己应该如何提高，才能更好地实现这个目标。同时在提出这个目标之前，你就应该慎重考虑，这个目标是不是适合自己。

比如有人稍微受到挫折，就会改变目标。但是从某种程度上来说，挫折是给你的一个提醒，就是告诉你按照现在这种方法可能是不行的，需要你改变方法。

我们都说人要增长智慧，那这个智慧是从哪里来的呢？这个智慧就是在不断踩坑中收获的，然后把挫折当成指向标，不断完善自己。

02 KR 的数量，限制在 3~5 个

KR 的数量不能太多，因为太多就没有可操作性了。但是也不能太少，如果太少就与 O 重合了，也就不算是一个操作计划了。

一般建议 KR 的数量可以是 3~5 个。

比如我一定要考上北大的研究生，那么：

第一个 KR，英语和政治的平均分要超过 75 分，两门专业课的平均分要超过 125 分。

第二个 KR，反复研究那些已经成功的师兄、师姐的经验帖，以及学院和老师的相关著作、新闻。

第三个 KR，管理好自己的生活，包括时间管理、膳食管理、学习环境管理。

这三个 KR 是实现目标最关键的工作，不需要做太多其他的工作。这些工作做好了，就大概率能够考上北大的研究生。当我继续拆分的时候，专攻这三个 KR 就好了，其他一切工作都是无关内容。

03 定期复盘，让成绩稳步上升

当计划列出来之后，每过一周、一个月或者一个季度，要定期进行复盘。

OKR 是一个计划，而不仅仅是一个目标拆分。

既然是计划，那么不仅要按照操作计划执行，还要定期回顾执行情况。

这里有三个关键。

第一个关键是"定期复盘"，每周、每月、每季度，都要对上一个阶段的计划执行情况进行回顾。

定期本身就是一个非常关键的要点。

管理学上有一个观点，就是要想得到一个结果，关键是控制工作的过程。当你把工作目标列出来之后，如果过程是完美的，那么大概率就能得到相应的结果。

所以大家可以在每周周日的下午，或者这个月和这个季度的最后一个周日的下午，专门拿出时间来分析上一个阶段的工作及其完成情况。

第二个关键是要根据自己的现实情况以及执行结果，对 KR 进行适当的修改。

因为在执行之前，我们对目标往往是想象居多，一拍脑袋就给出了一个 KR，这都是正常现象。

但是在执行了一段时间之后就会发现，有时候 KR 是高于或者低于你的实际能力的，这时候你就要对 KR 进行修改。

比如你现在的目标是减肥，之前设定了一个 KR 是每个月跑 100 公里，但是后来发现工作特别忙，想了很多办法也不能解决，那么就只能把跑步计划改为每个月跑 70 公里。

比如你要提高英语成绩，设定了一个 KR 是每天背一篇英语短文，后来发现这样很占时间，而且和提高英语成绩的直接关系并不大，那么就可以直接把这个工作砍掉。

第三个关键是要定期对目标进行复盘，分析自己距离目标还有多远，以及哪些目标应该进一步提高。

建议大家在复盘 OKR 的执行情况时，可以研究如下几个问题。

一是要搞清楚到现在为止，当初设定的 KR 完成了多少，距离目标还有多远，这个比例是怎样的。

二是要明确当前 KR 无法完成的瓶颈是什么，应该怎么打破这个瓶颈。

比如研究如何考好语文，语文总分是 150 分，看起来考 110 分在班里算是中游，但实际上考得也不算好，这里的瓶颈可能是作文和阅读理解扣了很多分。

作文 60 分，高手能拿到 55 分，而你只能拿到 42 分；阅读理解 50 分，高手能拿到 40 分，但你只能拿到 30 分。

看起来差距不算大，但是你仅在两种题型上就比高手低了 23 分，就不用说其他的题目和科目了，差距可能是数量级的。

但这两种题型反而是最好提分的。为什么呢？因为不管是语文的阅读理解还是作文，其实套路就那么几种。如果你把答案上的套路做一个归纳，就会发现套路是有限的，掌握了有限的套路很容易提分。

比如语文的作文，你只需要背 3 种文章结构，以及 20 篇左右的模仿作文，在不同的领域各找几篇有代表性的范文，每次考试只需要把背过的这些范文换成你的题目和套路写下来就可以了。

提升成绩首先要依赖对套路、模式的概括总结，其次才是训练自己的熟练程度，而不是依靠灵机一动和机械重复。

04 引入第三方视角，不要独自拆分 OKR

不要自己一个人拍脑袋制定 OKR。因为你很可能是一个小白，你对这个考试和学习一无所知，你可能只有非常模糊的感觉，这是很难制定好 OKR 的。

研究这个问题不能闭门造车，最好是和有经验、有成果的人沟通，确定当下的问题是什么，再制订相应的计划。

引入第三方视角尤其重要，很多小白经常找错原因、方向，导致学了半天，发现白费力。

比如我遇到过很多学生，英语作文成绩提不上去，总觉得是所谓的语感不行，背诵的英语短文不够多。但实际上可能是单词量不够多，单词记忆也不够扎实，或者写作文的基本结构、句式记得不够多，也不够好，这跟背英语短文毫无关系。

在这种情况下，疯狂地背英语短文是没有用的。

还有一些考研的学生，把出国留学那些人的那套方法学回来了，觉得如果不跟导师套磁就考不上，甚至把这件事情当成头等重要的工作，时不时地给导师送点小东西，或者嘘寒问暖，这反而耽误了正常的考试准备。

我就遇到过一位老师，他说有一个小姑娘想考他的研究生，每天都会给他发一个邮件，告诉他天气冷了，要多穿衣服；今天下雨了，要记得带雨伞。

这位老师说："你别白费力气了，我今年根本就不招研究生，而且我也完全没办法决定你能不能考进来，跟我套磁是没用的。"

在学习和考试当中，很多"学渣"都会"想象"什么事情是重要的，但这个想象大概率是完全错误的。

这种错误的认知，会引导你在错误的方向上花费大量的时间、精力，等你想要调整的时候，经常需要花费更多的力气追赶。

如果你要请教别人，这个人可以是你的老师，也可以是已经考上的前辈。如果关系好的话，则可以请他们一起帮你拆解OKR，千万不要自己一拍脑袋，就订一个计划。

好的OKR能够给你指明方向，同时能够大大节省你的时间，防止你在无关紧要的事情上投入太多的时间，从而耽误了真正重要的东西。它能够大大提升你的学习效率。

第4章　精力管理：
所有工作干到最后，都是拼体力

精力饱满，是一切工作的基础。不管你是中学生、大学生，还是职场人士，有充沛的体力、精力，就意味着你工作的效能更高，在同等时间完成的工作更多，甚至即使面临大量的工作，你的抗压能力也会格外强。

精力越充沛，战斗力越强。

学习是一项高强度的体力活动，这可能很反直觉。虽然看起来你一直坐着不动，但实际上大脑消耗的能量非常大，对人的精力要求非常高。

但我们从来没有系统地学习过如何管理自己的精力，往往是累了就睡，饿了就吃，坐下就学。

甚至很多人的日常是，在饮食上大鱼大肉，在作息上熬夜晚起，而且又经常久坐不动，导致自己学来学去，也达不到目标。

很多人明明付出了巨大的努力，却事倍功半，就是因为精力管理不过关。

下面我会从饮食、睡眠和运动三个方面，给大家讲讲如何保持每天精力充沛。

01 "吃得不对",必然没有精力

提高精力的第一个关键点,就是要管理好自己的饮食,为学习和工作提供优质的燃料。

在精力管理这个问题上,很多人可能会更认同睡觉和运动的作用,但是却很难认同"吃"的作用。

实际上,饮食的作用非常大。假设一辆跑车总是使用劣质的汽油,那么它是不可能跑得快、跑得远、跑得好的。人也一样,英国有句谚语"You are what you eat",人如其食。

大家可以回想一下,当你吃了很多高油、高糖、高盐的垃圾食品,如炸鸡、可乐、薯条时,你再去工作,是不是感觉反应变慢,会越来越困?

这是因为这些劣质"燃料"本身很难消化,大量血液集中到胃部工作,大脑供氧不足,就会极大地消耗你的精力,让你除了睡觉,什么都不想干。

这些食物具有三大弊病:

第一,身体需要用更多的时间来消化这些食物,给身体带来更重的负担。

第二,如果是在晚上吃了这些垃圾食品,你的消化系统就会一直工作,影响睡眠质量。这也是为什么明明晚上吃了很多,第二天早上会有饿的感觉。因为你的肠胃晚上一直在工作,还可能会带来胃酸反流等问题。

第三,摄入过多的油、盐、糖,会导致我们变胖。同样是一个身体系统,负担 140 斤体重和 200 斤体重,带来的疲惫感是绝对不一样的。这也就是为什么胖人会更容易累,精力更差。

那么应该怎么吃，才能更健康，为我们的精力提供更多优质的燃料呢？

第一，了解食物的几大能量组成。

人类的三大能量来源，分别是碳水化合物、蛋白质、脂肪类。

碳水化合物，是我们最常见的食物，也是我们获取能量最主要的来源。比如糖果、饮料、米面、各种甜食，还有各种精制糖，不仅能为我们带来饱腹感、幸福感，还对我们的身体有各种重要作用。

但是如果摄入过多的糖，则会给身体带来极大的负担，还可能会导致皮肤老化、抑郁症、阿尔茨海默病、内分泌失调、记忆力减退、超重带来的相关问题，等等。

蛋白质，是一种优质的精力燃料，更是构成生命的重要物质。免疫系统、肌体的成长和修复等过程，都离不开蛋白质。可以说，每日补充充足的蛋白质，是提升精力的关键。

脂肪类，其实并非一无是处，它反而是我们的活力之源，是一种良好的储能物质。它能够减缓胃部排空的速度，增加饱腹感；减缓餐后血糖上升的速度；帮助身体健康和细胞的修复；促进特定的维生素和抗氧化剂的吸收；为身体提供强力的营养等。

第二，要想管理好饮食，就要检测自己需要摄入多少能量。

我们可以计算出自己真实需要的能量，然后相应地计算出每天需要摄入多少能量。

这里就不具体讲了，大家可以下载薄荷健康 App，根据自己的情况，测算自己每天需要摄入多少能量。

通常，对于一个运动量不大的成年人来说，摄入能量的比例为碳水化合物 55%、蛋白质 15%、脂肪 30%。我们可以根据自己日常所需的总能量，分别对不同的食物摄入进行分配。

大家可以根据这个标准，相应地控制自己的摄入，既能保证自己每日所需，也能保证自己精力旺盛。

第三，怎么吃碳水化合物，或者说糖类，才能精力充沛？

前面我们讲过，过度地摄入碳水化合物，会给身体带来极大的负担，同时还会给身体带来一系列的隐患。那么应该怎么吃碳水化合物才能让精力更充沛呢？

一是粗粮优于细粮，但也应该控制量。

总体上，粗粮如南瓜、地瓜、燕麦等的热量，要比细粮如精米、白面的热量低，而且其富含膳食纤维，可以多摄入一些。

但是也要注意控制量。比如一个中等大小的烤红薯约为 500g，其热量其实与相应数量的米饭热量相当。但是因为饱腹感较弱，很容易吃过量。特别是对于体重较轻的女生，很容易过量。

二是无糖食物未必不含糖。

我们常见的无糖食物，大多是指在制作当中没有额外地添加糖，但是食物原材料本身就含有相当的碳水化合物，吃多了也不利于精力的保持。

所以不要看到"无糖燕麦""无糖面包"等字样就掉以轻心，还是应该仔细计算食品包装上的食物热量。

三是千万注意含糖饮料。

市面上的各种饮料大多含有大量的糖分。

大家可能感受不直观，100g 米饭，也就是一小碗，热量大约为 116 千卡。大家一天能吃多少米饭，应该是有数的。

我们可以做一个热量换算：

435mL 味全活性乳酸菌饮料 ≈ 两碗半米饭

600mL 脉动 ≈ 一碗米饭

550mL 冰红茶 ≈ 两碗米饭

600mL 可乐 ≈ 三碗米饭

这个热量是非常大的，我们在喝饮料的同时，不知不觉间摄入了超量的糖，非常不利于精力的保持。

第四，怎么吃蛋白质，才能精力充沛？

这里来说说大家应该吃什么蛋白的问题。

在蛋白质里，鸡蛋清是最优质的蛋白来源，鸡蛋里有人类需要的所有氨基酸。

一般来说，动物蛋白的评分高于植物蛋白，鱼、虾、猪肉、牛肉、羊肉、鸡肉、牛奶中的蛋白都是动物蛋白。

单纯从蛋白质的角度来说，鱼虾和猪牛羊肉的蛋白质区别不大，但是因为猪牛羊肉中含有更多的脂肪，因此更推荐食用鱼虾。而牛羊肉中的脂肪也要低于猪肉，而且同质量的猪肉，蛋白质仅有牛羊肉的四分之一，但脂肪却是牛羊肉的两倍以上。

蛋白质是最优质的能量来源，要保持精力水平，最好提高蛋白质在食物中的占比，尤其要多吃优质蛋白，比如鸡蛋、鱼虾、牛羊肉、牛奶等动物蛋白，用于替代部分精制碳水化合物。

第五，怎么吃脂肪，才能精力充沛？

脂肪是非常好的储能物质，但错误摄入或者摄入过多，都不能保证我们的精力和健康。

那么应该怎么摄入脂肪呢？

一方面，尽量摄入优质脂肪。

大家可以尽量摄入优质脂肪或食物，比如三文鱼、金枪鱼、鱼油、核桃、亚麻仁油、芝麻油、椰子油等。

另一方面，减少摄入工业脂肪，或者说人造脂肪。

比如"氢化植物油""氢化××油""植脂末""奶精""人工黄油""植物黄油""植物起酥油""蛋糕专用油""精制植物油"，这些东西少量食用没关系，但如果吃多了就会影响健康。

第三方面，要控制摄入很多食物中不易被发现的脂肪。

其实很多食物中都加入了大量脂肪，只是我们可能并没有注意到。

比如巧克力、汤圆、全麦饼干、膨化食品、沙拉酱、冰淇淋，其中都富含各种油，但是我们肉眼不容易观察到，往往会以为没有。

甚至很多便利店的米饭，为了提升口感，其中也会加入猪油，使其越煮越香。

很多中餐都是高油烹饪的，甚至为了提升口感且加快烹饪速度，很多饭店都会让食材过油，比如宫保鸡丁、酱爆茄子、鱼香肉丝、水煮肉片等都是高油烹饪的。

而很多菜的做法，如红烧、油炸就更不用说了。

这些饮食偶尔可以摄入，但是如果在备考的时候总吃这些东西，就会让身体负担加重，学习的时候总想睡觉。

第六，注意补水，才能保持精力充沛。

补水对我们保持健康和充沛的精力具有非常重要的作用。水可以提升皮肤和筋膜的质量，提升机体活力，减缓肌肉和筋膜的老化。这意味着即便我们久坐，也不至于那么腰酸背痛。

那么应该怎么喝水呢？

从理论上讲，在运动量不大的情况下，每天饮水量为每千克体重 30mL 水。

网上很多人都在说一个人每天应该喝够 8 杯水，但由于每个人的体重不同，甚至每个人用的杯子大小也不一样，每天补充的水量一定是不同的。

大家可以养成定时喝水的习惯，不要等口渴了再喝。你可以设置一个不会响的小闹钟，每隔 1 小时喝一点水。

此外，尽量不要用含糖、咖啡因的饮料代替水。

一方面，摄入过多的糖会增加身体的压力；另一方面，如果饮品中含有过多的咖啡因，比如咖啡、奶茶、茶等，它们有利尿作用，会让你的身体代谢更多的水分，而且会刺激神经，影响睡眠。

以上讲的就是如何通过饮食来提升精力。接下来讲讲如何通过睡觉来提升精力。

02 睡好觉，是精力充沛的根基

可以这么说，睡好觉，是精力充沛的根基。

缺乏睡眠或者说熬夜，会造成一系列的问题，比如大脑损伤、情绪不稳定、记忆力减退、心脏病、外貌老化……

反过来说，睡觉在很大程度上决定了我们的生活、工作、学习的质量。"睡得好"能够提升我们的意志力、记忆力、创造力等各方面的素质，以及我们的生活品质，让我们每天工作起来精力满满。

那么，我们可以从哪些方面来提升睡眠质量呢？

首先来看看睡眠的主要过程和组成部分。

睡眠包括两大主要部分，分别是快速眼动睡眠和非快速眼动睡眠。

其中，非快速眼动睡眠又分为浅度睡眠和深度睡眠。每种睡眠的主要作用是不一样的。

我们刚入睡时，往往都是浅度睡眠，之后过渡到深度睡眠。在深度睡眠中，我们的心跳会变慢，呼吸会变沉稳，颈部以下的肌肉和骨骼都会完全放松，整个身体组织进入深度修复状态。

深度睡眠一段时间后，我们就会进入快速眼动睡眠阶段。这时心律变快，血压升高，大脑高速运转，全身肌肉更加松弛，眼球一直快速转动。做梦常常发生在这一阶段。

快速眼动睡眠，可以让全身的肌肉彻底放松，大脑开始对白天获得的信息进行加工处理。这一方面可以帮助大脑免受其他信息的干扰，强化长期记忆，另一方面可以对白天获得的信息进行梳理整合，寻求灵感。

相对于深度睡眠，快速眼动睡眠不仅能进一步放松肌肉、骨骼，还能够提升各方面的心理机能，堪称黄金睡眠。

研究人员发现，要想增加快速眼动睡眠的时长，最重要的就是养成规律的作息，同时尽可能保证充足的睡眠。

第一个关键点，养成良好的睡眠习惯，尽量不要熬夜。

在睡眠时长这个问题上，大家最好是探索自己感觉舒服的睡眠习惯。有的人睡得多，有的人睡得少，但总体上不要超过 8 个小时。因为睡多了反而会出现头晕、乏力等情况，非常影响第二天的睡眠。

也许有人会说："我必须要睡得多，睡少了就很难受。"那你可以参考《睡眠革命》这本书，书中讲了一种睡眠周期法，作者研究了很多人的睡眠发现，每 1.5 个小时，就是一个睡眠周期，只要睡够这个周期的整数倍就可以了，比如 6 个小时，或者 7.5 个小时。研究发现，睡满周期，反而比睡得更多的时候更有精神。

你可以计算好自己的上床时间和入睡时间，往后推 6 个小时或者

7.5 个小时，第二天会更有精神。

另外，建议大家少熬夜。因为熬夜对身体的伤害太大了，不仅会影响精力，还会对身体各方面的机能产生很大的负面影响。

要想杜绝熬夜，大家可以先尝试定一个闹钟，每天提醒自己早上床 1 个小时，并且在睡觉前把手机、电脑放在客厅，或者放到自己拿不到的地方，防止自己玩手机，以此来确保睡眠时间。

第二个关键点，营造安静、舒适的睡眠环境。

睡眠环境是否优质，能够极大地决定一个人的睡眠质量。

大家要尽可能地营造一个安静、舒适、适宜睡眠的环境。

在床垫的选择上，不要单纯地考虑床垫的价格、材质、工艺，这些都没什么用，很多都是智商税。你最好根据自己的体型、睡姿，做一个简单的实验。

你可以侧卧在床垫上，全身的中间线处于水平状态最佳。床垫要既不太软，也不太硬。如果太软了，你的屁股会陷进去；若太硬了，你平躺的时候会感觉腰部被垫高了。

用什么标准来检测呢？如果在没有枕头的情况下，脑袋和床垫之间的空隙超过 6 厘米，则说明床垫太硬了。如果屁股深陷床垫中，脑袋被垫高，则说明床垫太软了。

枕头的存在实际上就是为了垫脖子，而不是垫头，这是为了弥补床垫的不足。事实上，如果床垫合适，那么枕头可以不要。

因此，枕头的高低要根据床垫的软硬，以及你的具体需要来选择，没有必要过度地追求材质、矫正这些卖点。

我们的睡眠需要一个比较暗的环境，因此遮光窗帘必不可少。我自己选用了遮光窗帘之后，睡眠质量大大提升了。

第三个关键点，选择合适的睡姿。

尽管每个人习惯的睡觉姿势不一样，但是有的姿势还是相对更加健康的，并且能够在睡眠中减少翻身的次数。

研究者推荐的睡眠姿势为向右侧卧，微曲双腿，双手交叉在胸前。

这种睡姿能保证心脏处于高位，不受压迫；能使肝脏处于低位，保证供血和新陈代谢；能通过重力使胃中残存的食物进入十二指肠，促进消化吸收等。

第四个关键点，午间打盹。

如果你晚上没睡好，或者熬夜了，那么建议你中午打个盹。

丘吉尔曾经说过："千万不要认为白天多睡一会儿就会耽误工作，这是极其愚蠢的想法。"

很多朋友都推崇那种苦修哲学，就是早上早起、晚上熬夜、中午不睡觉，不把自己折腾得惨一点儿，好像就不叫努力。

每天中午打个盹确实非常有必要，能够帮你有效地补充体力和精力，提高专注力和逻辑分析能力。

美国国家航空航天局（NASA）曾做过一系列的研究，发现中午只要小睡 25 分钟，你的判断力就能增加 35%，反应速度就能增加 16%。

但是午间打盹的时间，最好为 25~30 分钟。如果超过 30 分钟，你很可能就会进入深度睡眠状态。这时候醒来，反而会让身体误以为睡眠不足，降低你的反应力、判断力和忍耐力，午睡起床气也与此有关。

03 运动，用 20% 的投入带来 80% 的能量产出

提升精力的第三个关键点，就是运动。

运动的好处很明显，可以加快血液循环，提高大脑的供氧量，还会

产生内啡肽，让人愉悦、镇定，也会改善人的精神状态，以及肌肉和关节的活力。

但是大家千万不要以为，运动就是疯狂举铁，或者每天跑 10 公里。因为过量运动不仅不会提升精力，反而有可能增加你的疲惫感。

那么，我们应该如何通过运动来提升自己的精力呢？

首先，提升精力，最核心的就是提升心肺功能。

心肺功能是指人体心脏泵血，以及肺部吸入氧气的能力。它直接影响全身器官以及肌肉的活动，对我们的身体健康和精力充沛有非常重要的作用。而通过有氧运动可以提升心肺功能，从而有效提升精力。

你可以做如下这些有氧运动。

比如慢跑，30 分钟左右的匀速慢跑，能够刺激心肺功能的提升。

比如游泳，同时长的游泳，对心肺功能的刺激优于跑步。因为不仅游泳本身能提升心肺功能，而且水还能对身体施加压力，刺激心肺功能的提升。

比如骑自行车，这也是一种刺激心肺功能提升的有效手段。但是因为只有下肢运动，上肢无法运动，所以训练作用相对较弱。你可以配合冲刺练习，让自己达到气喘的程度。

比如跳绳，如果你能以自己做得到的最快速度完成跳 1 000~1 500 个，你的心肺功能会得到非常大的提升。但跳绳对新手的膝盖压力比较大，所以需要循序渐进地练习。

其次，要选择适合自己的运动。你不需要一把干成施瓦辛格，当然你也成不了，关键是要保持适量运动，让自己先动起来。

很多人都存在一个运动误区，认为要运动，就要往死里整，不练到趴在地上起不来，那就是意志力不够或者没练好。

通过运动来提升自己的精力，重要的是选择适合自己的运动方式，关键是要坚持下来。

比如跑步这项运动并不适合所有人，对于体重超重的人，他们的腿部很难支撑跑步带来的压力，特别是膝盖会受到巨大的伤害。

对于体重超标的人来说，选择跑步机上坡走路、椭圆机、游泳才更为适合。

如果运动方式没选对，体重超标的人可能坚持不下来。精力没提升上来，而膝盖先废了。

最后，在长时间学习的情况下，如果腰酸背疼，你可能很难坐得住。这是因为你长期伏案学习，长期保持一个姿势，导致肌肉、筋膜僵硬。我推荐大家使用泡沫轴。

在办公桌前坐久了，你就会腰酸背疼，浑身难受。坐不住，就意味着你的工作效能一定会严重下降。

大家可以买一个泡沫轴，哪里酸痛滚哪里，加速血液循环，加速代谢物吸收。

你可以静态放松，哪里疼就滚哪里，将泡沫轴放在需要放松的肌肉下面，停留30~60秒，直到疼痛降低50%，再换另一个地方。

你也可以动态放松，将需要放松的肌肉放在泡沫轴上，利用自身重量，哪里酸痛就滚哪里，反复滚动10~15次。

每次几分钟的滚动，就可以有效地改善浑身酸痛的情况。但是想要完全根除，则需要更长的时间。

这种方法还是要配合运动，你可以在学习时，每过一两个小时就站起来活动一下。

希望你能通过以上三大方面的练习，构建一套完整的精力生发系统，让自己精力饱满地处理日常的学习和工作，生活得更有质量。

第 5 章　心态管理：
把压力转化为动力，让自己爱上学习

我们来聊一个非常重要的问题，就是在学习当中，如何处理自己的负面情绪。

因为人不是机器，在学习当中难免会有各种痛苦，这时候负面情绪就产生了，比如厌学、拖延、有压力，或者缺乏学习的动力。那么应该怎么办，才能让学习事半功倍呢？

01 目标简单化：让"开始"更简单，战胜拖延症

减少负面情绪，最重要的一种方法就是让目标颗粒化和简单化。

这一部分内容，我们已经在第 2 章中讲过了，这里再简单提一下。

很多时候，我们之所以对学习心怀畏惧，就是因为设定的目标又大又难，而自己实现目标的能力又不够，所以就会产生拖延、畏惧、厌学的心理，甚至都不愿意开始了。

这时候最好的办法就是把目标缩小，让任务更加简单，让自己先干起来再说。

比如原来想要一天读 1 本书，你会觉得这样很难，你就不愿意读。但是如果现在你告诉自己就读 3 页，读完就放下，那么你的压力就会小

很多，你就会愿意读起来。

在读完3页之后，你想放下也可以，想继续读也行。如果你放下了，则不必苛责自己，毕竟你完成了目标。如果你继续读，那么你就赚了，毕竟刚开始时你只想读3页。

让起始目标更简单，能帮你跨过开始的障碍和心理恐惧。

这就是我常说的，怎么才能成为小说家呢？先把手放在键盘上，打出第一个字的时候，你就已经开始了成为小说家的第一步。

大家一定要记住这句话：先完成，再完美。完美是开始的最大阻力。

绝对不要等到所有事情都准备好了再出发。

02 即时化奖励：用奖励，让自己爱上学习

让自己对学习上瘾，减少学习的心理阻力，第二种方法就是即时化奖励。

这是什么意思呢？就是需要自我承诺即时化奖励，每当自己有了进步，就马上奖励自己一个东西。

大家可以想想，为什么我们对游戏那么上瘾？一个关键的原因就是，每当我们完成一件有一点难度的事情，都会获得相应的激励。

心理学家发现，激励会刺激人的大脑，让你对一件事情产生巨大的上瘾特性。

这里有几个激励关键，大家在奖励自己的时候一定要记住。

第一，奖励不能太遥远，要短周期奖励，最好马上就兑现。

比如你跟小学生说，"你们考上大学，我就奖励你们什么东西。"绝大多数孩子没有感觉，因为实在太遥远了，完全感受不到刺激。

但如果你说，"现在做完作业，我明天带你们去游乐园。"孩子们就会努力开始做。

你跟自己说，"如果我考上研究生，就如何如何。"这太遥远了，奖励完全不起作用。你还不如告诉自己，"如果刷完这三套题，我就去买一个喜欢的甜点。"这样更有效果。

任务完成和奖励之间的间隔越小越好，因为奖励不仅仅是对你完成任务的回报，同时也会在神经上固化你的行为和习惯。

比如每天做完 100 个俯卧撑，你就能喝一杯喜欢的咖啡。多巴胺就能在两者之间搭建桥梁，你一喝咖啡就会想到俯卧撑。

第二，奖励越简单越好。

可能很多人会以为，奖励的东西越贵越好、越大越好。其实不是，而是越简单越好，越自然越好。

比如我有一个同学就不喜欢喝咖啡，但是他喜欢闻咖啡豆磨出来的那种香味，每次他做完一个小任务，就会去咖啡馆散步，感受那种香气。

他既可以散步，又可以奖励自己。

还有人给自己奖励的方式更简单，就是每完成一件事情，都会偷偷地给自己鼓掌，说"我真的是太棒了！"

其实这不在于你给自己多少钱的奖品，而是必须说点什么，或者做点什么，哪怕只是在心里说也可以，让自己感受到正向激励。

你可以管这叫仪式感，也可以叫自我奖励。归根结底，就是用一种让你舒服的方式，体验那种很积极的感受，让你感觉自己整个人都在发光。

第三，你需要为自己微小的成功庆祝。

知名行为设计学专家福格博士认为：千万别觉得自己做成的这件事

情太小，不值得庆祝，你应该为自己的每一分进步庆祝。

其实每件事情都值得庆祝，因为在人的一生当中，巨大的成功是非常少的，甚至根本没有，绝大多数都是那种小确幸。例如，我今天开车，路上 10 个红绿灯全绿，我真是太幸运了；我今天去食堂晚了，但是我最喜欢吃的菜还剩下一份，结果给我了；我今天减肥，体重轻了 1 公斤。这些微小的幸运暗示，一样能给我们带来巨大的幸福感。

我们需要从这些很小的事情上感受力量。例如，我今天按时起床了，我可以跟自己说"我真棒"；我今天按时把所有衣服都洗完了，我可以给自己鼓鼓掌；我今天记完了 100 个单词，我可以唱一首自己最喜欢的歌。

美国得克萨斯州大学校长麦克雷文，有一篇知名演讲《改变世界，从叠被子开始》。他说：

如果你想改变世界，那么就从早上叠被子开始。如果你每天早上都整理床铺，你就完成了每天的第一个小任务，这会为你带来些许的成就感，并激励你去挑战接下来的更多的任务。即便你这一天诸事不顺，你好歹也有一张整齐的床铺慰藉自己。

关键是要让自己在这些小事上感受到成功的力量，为自己的每一点进步庆祝，久而久之，你就会积极起来。

03 邓宁-克鲁格效应：剖析自己，走上开悟的山巅

要想解决心理问题，我跟大家分享一种认知，就是邓宁-克鲁格效应。

这是什么意思呢？你之所以有那么多的负面情绪，就是因为你对自己有各种各样的看法，比如你觉得自己很差，你觉得自己学习进度很慢，所以你有很大的压力、爱拖延。

但是我必须要说，你对自己的评价可能都是错的。

我分享一下邓宁-克鲁格效应，这是康奈尔大学的心理学家邓宁和他的研究生克鲁格提出的一个心理效应。

1955年，美国有一个人在光天化日之下抢了匹兹堡的两家银行，而且这个人特别嚣张，没有做任何的伪装，他走出银行的时候，甚至还朝着摄像头挥了挥手。

当然，很快这个人就被抓了，他很震惊，说："你们怎么能看到我呢？我可是涂了柠檬汁儿啊！"

原来柠檬汁儿被很多人当成隐形墨水来用，用柠檬汁儿写字，只有在接触热源的情况下才会显形。这个人觉得，"我只要不靠近热源，肯定没人能看得到我。"

这个案件引起了心理学家邓宁的注意，他发现这其实是广泛的心理，原来我们对自己的认知完全不合理，也不真实。

他还提出了人的认知成长三阶段，他把人对自己的认知分为愚昧之巅、绝望之谷、开悟之坡。

一个人刚开始的时候，总是会自我感觉良好，觉得自己什么都懂，什么都会。但其实越是这样的人，越说明他站在了愚昧之巅，说明他什么都不懂，什么都不会，只是盲目自信。

但是当他自信心爆棚，快到山顶的时候，他才发现自己其实跟真正的高手差之千里，于是一跤跌进了绝望之谷。绝大多数感觉有压力的朋友，都身处绝望之谷。

因为发现了自己的不行，但是又有向好之心，觉得自己应该积极努力向上，可是又不知道该怎么办，再加上巨大的情绪打击，让自己在绝望之谷泥足深陷。

请大家听我一句话，只有混吃等死的人才不会焦虑，才觉得哪里都好，才会躺平，而只有真正有志气的人才会觉得压力山大，觉得自己实在太差了。

你觉得自己差是正常的，因为你已经从愚昧之巅跳下来了。这不仅不说明你无可救药，反而意味着你正在经历成长。

我在考研的时候就是这样的。那一年，我们学院加上我有四个同学都要考北京大学新闻与传播学院。他们给我的感觉是，准备得非常好，而我觉得自己准备得非常差，再看看人家，我的压力就很大。因为如果研究生考不上，就意味着我错过了找工作的机会，而且还要考第二次，如果第二次再考不上……这一来一回，压力就更大了。

直到上了考场，那三个同学还是表现得非常自信，甚至有两个同学早早就交卷了。这说明人家肯定考得比我好，我的压力一下子就上来了。

怎么办？反正来都来了，能被别人打倒，但不能被别人吓倒吧，那只能继续好好考试。

结果等到复试名单出来，我才发现，在这几个同学当中，只有我一个人进了面试，最后还进了北大。

我后来才意识到，原来这就是邓宁-克鲁格效应。你对自己评价的高低，本身未必准确。虽然这会给你带来情绪上的困扰，但是这种情绪本身是没有意义的，也不意味着你的认知是正确的，关键是要花时间去解决具体的问题。

那样，你就走上开悟之坡了。

04 不要畏惧压力，学会跟自己和解

我们要认识到，压力本身没有那么可怕，之所以有压力存在，单纯

是因为你准备得不够好而已。要学会跟自己和解，而不是一味地贬低自己、责怪自己。

你可能会觉得，自己不够好，难道还不是一件特别坏的事情吗？

你不够好确实算是一件坏事，但问题是没有人足够好，每个人都或多或少地有问题。

虽然我们会因为自己的不完美，对自己的评价过低，但是之所以不完美，是因为存在很多具体的问题，也恰恰意味着我们找到了问题的症结所在，有很大的进步空间。

那么重要的就不是烦躁、纠结，而是俯下身来解决问题，要直击核心。

问题越宽泛，解决难度就越大，压力就越大。问题越具体，解决难度就越小，压力就越小。

胖了就去跑步，困了就去睡觉，英语差就去记单词，数学差就去刷题，专业课差就去看教材。

这种解决问题的心态，才是最珍贵的。

我在高一、高二的时候，数学奇差无比，满分 150 分，我只能考八九十分。我也曾经长期陷入这种焦虑之中，为什么别人觉得简单，可我就是学不会呢？明明我自己也认为简单的题目，为什么就是粗心做不对呢？明明他还不如我，为什么他的分数比我的分数高呢？

但自责是没用的，我开始花时间解决问题，研究为什么数学成绩上不去。原来是因为做题太少，而且在做题的时候也不专心，还不花时间研究参考答案，所以学来学去没有任何长进。

找到了问题所在，那么压力就会下去很大一半。

所以，别因为有压力而烦心，什么事情都不做，而是要跟自己的情绪和解：我确实有各种各样的问题，但没关系，我可以解决问题。

这些压力可能只是来自自我成就之路上的一次考验，虽然很难，但是跨过去就是成功。而不是在那里自责：我真是太没用了，怎么就不能专心呢！或者责怪自己为什么这么脆弱。

情绪本身并不可耻，愤怒、伤感、悲观、压力大、厌学，都是现实存在的。

重要的是别太把情绪当回事儿，而是把压力的根源记录下来。比如你之所以厌学，是因为舍不得朋友，还是因为偏科，抑或是任务太重，觉得自己完不成。

只有找到压力的根源，才能提前做好准备，有针对性地解决问题。

05 梦想激励：当你没有方向时，所有风都是逆风

增强学习动力的第五种方法，就是偶像激励法。你要找到自己的偶像，找到自己的梦想，想一想你到底是为了什么而学习、奋斗的。

可能会有一些人觉得，这种方法是不是太鸡汤了，听起来似乎没什么用啊！

还真不是，梦想和偶像，确实非常激励人。

当你没有方向的时候，任何方向吹来的风都是逆风。

当你没有方向的时候，你的梦想和偶像就是你的方向和动力。

比如我在考研的时候，我的偶像就是一个从材料工程跨专业考研到北京大学新闻与传播学院的师兄。

当时我看了这个师兄的很多考研手记——分享他是怎么从一个完全的门外汉，一步一步解决问题，跨行业进入传播学领域的。我跟他学到

了很多东西。

比如考研英语非常难，我做题错误率很高，我一开始以为是做题太少了，直到看到他以前也面临过类似的问题，他说这种困境的根本原因，就是单词量少。

他花了半年时间，把"红宝书"上的单词记了 30 遍，单词掌握牢了，做题正确率就上来了。于是我把单词记了 50 遍，我的考研英语分数接近 80 分，这个分数算是不错的了。

比如有人说考北大要往死里干，每天熬夜，睡四五个小时。我本来也是雄心壮志，想这么干的。但是这个师兄说，他按照类似的方法实行了半个月，发现身体机能，还有学习能力、记忆能力都大幅下降了。所以我就作罢，每天保证起码 6 个小时的睡眠，尽量保证 8 个小时的睡眠，不向压榨身体要成绩。

比如在考研期间，我也经常会动力不足，这时我就看他的考研经验帖，发现原来他也是一个小城市普通家庭的孩子，考北大研究生既是因为喜欢北大，也是为了改变自己的命运，所以对实现这个目标充满了动力和渴望。

我想，既然我和这个人很像，他已经有了成功经验，那么为什么下一个成功的不能是我呢？

这个师兄被我当作偶像，在很长一段时间里支撑着我默默前行。

多说一句，当年我在北大读研二的时候，这个师兄已经在海外读完博士，回北大当老师了。

所以建议大家，一定要思考，你的梦想是什么，你的偶像是谁，你想要成为谁，这是很重要的。

在年轻的时候，找到自己的梦想和偶像，会给你带来一生的动力和方向。

千万别小看这种楷模的力量，世界就像一个看不清未来的黑箱，有一个指南针起码能让你增加 50%的胜率。

不管黑夜多么漫长，你都会期待群星闪耀；不管现实多么复杂，你总是积极想办法；不管周围的人多么堕落，你总拿小时候崇拜的那个楷模的标准要求自己。

主动找一个偶像，可能是你一生前进的不竭动力。

第 6 章　超强专注：
长时间专注学习，一分投入三分收获

有很多人发现自己年纪越大，专注力越差，工作或者学习几分钟，就不自觉地去拿手机，或者想别的事情，或者脑子里总有一些声音冒出来，想控制都控制不了。

这就导致你的学习效率很低。虽然你在书桌前坐了 12 个小时，浑身累得又酸又疼，但实际上真正有效的学习时间不会超过 6 个小时，其他的时间都在摸鱼或者分心了。

降低效率还不是最严重的问题，最严重的问题是长期高投入低产出，会消磨你的意志力和行动力，对你是一个很沉重的打击。

这里主要介绍三种提高专注力的方法，分别是目标颗粒化、高效能学习场和节约大脑带宽。

01 目标颗粒化：拆分工作，打消你的畏惧

提高专注力的第一种方法，就是目标颗粒化、简单化。这是什么意思呢？意思就是要把大目标拆分成很小、很简单的小目标。

我们先说目标颗粒化的第一个关键点，尽可能把目标拆细。

大家可能都听过一个故事，一群人在跑马拉松的时候，觉得几十公

里实在是太长了，很容易气馁。只有一个人把马拉松全程拆分成很小的目标：我先要跑到前面那棵树，然后跑到前面那根电线杆，再超过前面的某某运动员……不知不觉就把全程跑完了。

当你把目标拆得很细时，成功概率就大了，而你也不会那么容易厌烦了。

学习也是一样的，你有远大的学习目标当然很好，但是如果一下子就要实现这个终极目标，你就会感觉无从下手，而且会很容易失败。毕竟这个目标之所以值得追求，不是因为简单，而是因为很难。

所以在这个环节，不要想着一开始就把目标定得很大，而是要把目标缩小，很多事情反而更容易上手，说不定就继续做下去了。

林语堂先生曾经说过，背英文文章非常困难怎么办，能背下来一句就先背一句，背的单句多了，你也就把全文背下来了。

比如你开始只准备看 10 页书，如果有事就去做，但是看了 10 页书之后，好像也没什么其他事，你就可能继续看下去。本来可能要看两三个月的书，现在一星期就看完了。

很多事情都是只要开始做了，就有希望完成。尤其是在没有动力的时候，把目标定得越小、越具体、越简单越好。简单到让你再偷懒都不好意思，你就谈不上需要动力了。

比如你就看 1 页书，记 10 个单词，跑 50 米，你再怎么不想动，再怎么有理由，也一样可以做起来。

更何况，把任务量缩小，不代表效率就低。假以时日，你也能够取得很不错的效果。

比如记单词，你计划一开始每天就背 1 000 个单词，这能把人吓死。但是如果每天只记 50 个单词，一个月下来也有 1 500 个单词，两个月就能把高考常用单词记完，三个月就能把考研常用单词记完。

可能有人会说，每天记 50 个单词，是不是效率太低了？

这就要说到目标颗粒化的第二个关键点，逐渐提升你的目标。

人的适应能力是非常强的，逐渐增加压力，你是完全可以适应的——每次比你的真实能力提高 15% 左右，既不让你感到困难，又能够有效地提升你的能力。

比如你今天记 50 个单词，明天记 55 个，后天记 60 个，大后天记 65 个，每天的差别不算大，你甚至都感受不到。但是随着逐渐加量，你的上限就会越来越高，直到你发现确实很难完成这个工作量了，这时就可以稳定下来，适应一段时间后再逐步提升。

有一个英国上校退役之后，写了一本书，讲他当年是怎么接受训练的。当时他想加入英国皇家空勤团，门槛是两天两夜的高负重急行军。

绝大多数人在急行军当中退出了，只有包括他在内的一小部分人到达了终点，看到了来接应他们的吉普车。

出乎意料的是，当他们快接近这辆车的时候，这辆车又往前开了 16 公里，于是他们只能在非常痛苦的情况下，又走了 16 公里。

虽然他非常怨恨这个军官，但是这也让他发现，人体的潜能非常大。即使你觉得自己已经到了极限，实际上你也仍然能扛得住加量。你比自己想象的更加强大，只不过你比较擅长纵容自己，从来不敢对自己进行压力测试。

不要轻易地放过自己，而是要逐渐增加任务难度，直到你完全扛不住。

02 高效能学习场：优质的学习环境，让效率加倍

提高专注力的第二种方法，就是找到高效能的学习场。

虽然我们听过很多类似的故事，比如在闹市中学习、开着电视学习、听着音乐学习，以此来增强自己的抗干扰能力，但是对于大多数人来说，这种方法可能并不适用。

因为如果环境特别嘈杂、凌乱，那么精力很容易就被分散，降低学习效率。

所以，"在哪里学习"是非常重要的。我建议大家可以这样选择学习环境。

首先，最好在熟悉的地方学习。

如果有条件的话，最好在熟悉的地方学习，因为熟悉的环境会让你有莫名的安全感，从而有更强的沉浸感。

这就是为什么很多人换个环境学习，就会浑身难受，注意力下降得很快。

其次，尽可能保持桌面整洁，把可以玩的小东西扔掉。

很多人的生活环境和办公环境都非常凌乱，各种书和生活用品堆积如山，给自己带来无形的压迫感，分散了注意力。尤其是还有一些很有创意的小玩意，比如带玩偶的钟表、形状怪异的笔、桌面小玩偶，都会吸引你的注意力，让你忍不住把玩一下。

最后，谨慎选择跟自己一起学习的人，建立积极良性的社交圈。

大家可以思考两种情况：一个同学觉得考满分理所应当，另一个同学觉得考上、考不上都可以，这两个同学谁对你的影响更积极呢？一个同学每天花两个小时跟你聊一些家长里短，另一个同学每天跟你分享的

都是如何提升成绩,这两个同学谁对你的影响更积极呢?

股神巴菲特说,在职业发展上,最重要的决定就是选择跟谁在一起。而在学习道路上,一个很重要的决定就是选择跟谁组建学习小队。

良性的社交圈,以及积极向上的学习伙伴,起到的作用远比你想象的更大。

03 节约大脑带宽:清除负面信息,提高专注力

提高专注力的第三种方法,就是清除那些容易分散注意力的信息和小事。

《贫穷的本质》这本书里讲过,如果生活里有一大堆烂事需要你处理,你接收很多负面信息,每天需要做出很多决策和选择,你的大脑里的皮质醇水平就会很高,会让你暴躁、情绪低落,做什么事情都动力不足。

这里的负面信息不光是负能量的信息,还有很多是占用你的大脑带宽的信息,以及鸡毛蒜皮的小事。

因为人的思考容量是有限的,如果在你的大脑里整天徘徊的都是洗脑神曲,以及八卦新闻,那么你的大脑带宽很容易就会被挤占。这就是我们常说的分神——分神了,你就不可能沉浸到学习当中。

比如纠结今天吃什么、穿什么,这种选择会给你带来不小的压力;

比如你今天刷了一个好笑的微博段子,你今天看到了一个很伤感的抖音短视频;

比如你今天跟闺蜜吵架了,你今天看球时看到自己喜欢的球队输了。

这些信息,以及鸡毛蒜皮的小事,无形之中会挤占你的大脑带宽。

久而久之,你会丧失深度思考、长期专注的能力。你发现工作一小

会儿，就会被很小的事情牵走注意力，稍微深度思考就觉得烦躁。

那么，怎样才能消除这些分散你的注意力的东西呢？

第一种方法，取消关注一些账号。

取消关注社交平台上的那些负能量账号，以及跟你没什么关系的账号，比如明星、搞笑、社会杂闻等相关账号。它们不仅跟你没什么关系，还会给你带来很多的负能量。

有人可能会问，那错过了社会热点怎么办？你可以反问自己：看了这么多年热点事件，我有什么长进吗？大概率没有，保持跟社会的信息同步并没有什么意义，反而会影响你的正常工作和生活。

大多数内容，其实你看了没什么用，你还不如关注真正有干货的博主，把平台用来追求上进和学习。别觉得这事很无聊，其实能学到有价值的知识，而不仅仅是消遣，这才是这些平台真正的意义所在。

第二种方法，让日常生活机械化。

你可以把生活中的一些选择固定下来，从而减少"选择"对你的心神的分散。

很多人都有选择困难症，因为选择本身会消耗大量的精力。比如今天吃什么、穿什么，去哪里学习，你可能纠结半个小时都没有结果。但实际上不管做什么选择，都没有本质的区别。

大家可能都知道乔布斯和扎克伯格，都是每天穿同样的衣服，从而减少了"选择"对精力的分散。

当然，我们普通人很难做到这一点。但是我们可以把一周当中每天吃什么、穿什么固定下来，这样就不用选择了，到了那一天就穿那个，或者吃那个就可以了。

这里只是举个例子。其实很多时候，吃什么、穿什么、看什么综艺节目这种事情，对我们没什么很大的影响，但是我们会花很长时间纠结，于是精力就被分散了，在学习的时候状态就跟不上了。

第三种方法，冥想。

人一天当中会冒出来很多想法，是你很难控制的，这些想法会降低你的专注力（这就叫心猿意马）。

那么，怎么控制自己别胡思乱想呢？佛家认为，一种很关键的方法就是冥想（冥想这种方法来自古印度）。

心理学研究发现，冥想不仅仅能够提高你的专注力，还能够让你在疲惫之后快速恢复。这就类似于技能冷却，别人可能学四五个小时就很心累了，但是你可能学十个小时，状态还是很好。

玩过《王者荣耀》的朋友们应该知道，技能冷却时间越短，你可以用技能的次数就越多。

那么如何做冥想呢？

你可以找一个舒服的地方坐下，保持后背挺直，眼睛似闭非闭，把注意力放在自己的呼吸上，感受自己的呼吸，感受气体是怎么从鼻子进入气管、进入肺里的。

如果你的注意力跑掉了，你开始想别的东西了，也不要太责怪自己，把注意力拉回来就行，重新冥想。

最开始你可能只能坚持三五分钟，慢慢地，坚持的时间会越来越长。当你能够冥想半个小时的时候，你就会发现，自己的专注力大幅度提高了。以前可能每过十来分钟，你的注意力就会分散，但是经过冥想锻炼，你可能学习四五个小时，都能非常专注，甚至你每天只需要睡五六个小时，也一样很有精神。

当然，冥想时间需要多长因人而异，尤其是新手刚开始时只能坚持三五分钟，但是不要气馁，哪怕你只能坚持一分钟也是可以的。坚持下来，慢慢地，你就会发现自己冥想的时间越来越长，注意力也越来越集中。

经常冥想有很多好处，不仅能够增强你的专注力，还能够缓解你的焦虑和压力，心沉似水，不太容易感到烦躁。大家可以多多尝试，先操练起来，当你的专注水平提升上来之后，学习效率就会大大提高，事半功倍。

第 7 章　时间管理：
靠 3 招，每天多出 2 个小时

很多同学之所以学习成绩不好，一个很重要的原因就是不会管理时间。

有的人早上起来拖拖拉拉，通常六点半起床算挺早的了，结果刷牙、洗脸、梳头、吃早饭就用了一个多小时，去学校就迟到了。

还有的人总觉得自己很忙，于是在处理任务的时候就"麻瓜"了，东一棒子，西一竿子，大半天什么工作都是起了个头。

做事情分不清轻重缓急，比如数学差就花大量的时间补数学，结果导致具有优势的语文、英语也差了。水多了加面，面多了加水。

有一部分人，每天花大量的时间调整自己的情绪，一会纠结了，一会低落了，一会焦虑了，正事没干多少，一直在励志。

还有一部分人，尤其是要考研、考公、考编、中高考的同学，被大量无关紧要的事情牵扯了精力，或者因为运动、饮食和休息跟不上，整天浑身疼，昏昏沉沉，效率不高。

我想很多同学都有类似的问题，这本质上是因为不会管理时间，从而导致整体学习效率的下降。那么该怎么提升呢？

01 时间红利：学会这套方法，每天节省 2 个小时

时间管理的第一个关键，就是利用"时间红利"的理念。

每个人的一天都是 24 个小时，为什么他行，我不行呢？在某种程度上，人和人之间的差距，不仅仅是天赋、资源的差距，更是时间管理、投入程度、工作效率的差距。在天赋基本相同的情况下，时间红利没有利用起来，大多数人都没有自己想象的那么努力，就会造成结果的巨大差别。

时间红利利用的失败，主要体现在三大方面。

首先是在时间管理上。 所有的人一天都是 24 个小时，比如大家都睡 8 个小时，你每天花在学习上的时间是 10 个小时，剩下的时间都被吃饭、社交、打游戏，以及日常拖拖拉拉占用了；别人一天学习 12 个小时，全身心投入其中，严格管控时间花费。

这两种时间利用的差别有多大呢？我们可以算一笔账，你一天的学习时间跟别人差 2 个小时，一年下来就是 730 个小时，换算成 2 个小时做一套考试题的话，那么对方就比你多做 365 套题；换算成 20 个小时读一本书的话，就有大约 36 本书的差距；换算成一天学习 8 个小时的话，对方就比你多出大约 90 天的学习时间。你怎么可能不落后？

其次是在投入程度上。 你一会儿玩橡皮，一会儿哼最近的抖音神曲，一会儿又想想跟同学的小矛盾，那么你怎么可能全身心投入到学习当中呢？

专心和不专心带来的差别是巨大的。在不专心的情况下，在学习的 8 个小时里，可能有 4 个小时是浪费的，而别人可以全神贯注学习 8 个小时，这就是 1 倍的效率差距。

而且注意力来回切换，需要花很长的时间，才能回到走神前的水平。

科学家研究发现，当一个人的注意力被一件事情分走时，如果要重新进入原来的状态，需要花 15 分钟。如果每天花 10 个 15 分钟，就是两个半小时，这一来一回效率就降下来了。

最后是在学习效率上。有的人懂得记忆方法，有的人不懂；有的人只会抓关键工作，有的人是胡子眉毛一把抓；有的人总做一些无关紧要的事情，却忽略了真正重要的工作……如果不能厘清自己的工作逻辑，正儿八经地审视自己的学习习惯，就不可能掌握一套科学有效的学习方法，更不可能提升效率。

比如有的人学习写作文，就整天把满分作文读来读去，甚至把《读者》《意林》读来读去，完全没有学到写作的诀窍。他们把这当成了一种娱乐手段，完全是在浪费时间。

这就是为什么时间管理这么重要，既要有技巧，又要有决心和自律，更关键的是要优化整个生活状态和工作习惯，让生活整体变好。

时间红利没有用起来，你就不可能取得任何成就。

我跟大家分享一个典型的励志故事，主人公是我的北大的一个师姐。

她是一家广告公司的策划总监，工作本身就很忙，她还在 2013 年生了孩子。

那一年，她发现自己生产完之后，身材完全走样了，体重从 100 斤涨到了 130 斤，而且整个人心力交瘁，工作效果不好，也没有时间读书学习。

但是这个师姐运用逆向思维，她对自己发起了一个巨大的挑战，她要考北大的研究生。她本科不是北大的，但她一直向往北大。虽然自己已经这么忙了，但她觉得这是自己最后的机会，毕竟年纪越来越大，工作越来越忙，考北大的难度会越来越大。

最后她成功了，而且让整个生活发生了改变。因为她用一个艰难的任务，重新整理了自己的任务主线，强迫自己提高时间利用效率，把可做可不做的事情删减掉，重塑自己的生活。

- 提高碎片化时间的利用效率。比如每天 5 点半起床，先学习两个半小时，然后运动半个小时，做一个简易早饭，8 点半出门上班。她的包里放的永远都是专业书，每次开会前都会抽时间学习，耳机里放的永远都是考研英语，甚至晚上会听着录音课睡觉。
- 高度专注，提高休息和生活的质量。比如她每天晚上 9 点前哄孩子上床睡觉，然后学习到 11 点。关键是，在每天的学习时间里，她都极度专注，能够做到心无旁骛。
- 让自己的生活更加有条理、有计划，分清轻重缓急。比如在每个月的月底，她都会计划好下一个月的安排，把要读的书提前买好，把要复习的资料提前整理好，每天都在固定的时间做固定的事情。

她这样做了两年，有什么成绩呢？她平均每年跑 800 公里，读 100 本书，减了 30 斤体重。当然，最终她还考上了北大。

所以说不要轻易给自己设限，觉得自己太忙了，觉得自己什么都搞不定，觉得自己没时间，但实际上只要把时间高效利用起来，做好时间规划，你就能做成很多自己认为做不到的事情。

02 优先级管理：每天都要思考，什么事情更重要

时间管理的第二个关键，就是优先级管理。因为没有轻重缓急，就意味着你在平均用力，你搞不清楚什么重要、什么不重要，那么肯定什么事情都做不好。

在这个问题上，你一定要定好核心目标、阶段性目标、今天的目标，给它们设置一个优先级，优先做最关键的事情。

核心目标的优先级管理：所有跟学习无关的事情都可以放弃。

什么是格局？什么是选择？实际上就是把不同的目标放到天平上进行比较，哪个更重要且紧急，就先做哪个。

比如你现在要考研，但是你的女朋友天天跟你闹分手，需要你哄、你陪；你现在要高考，但是你的闺蜜整天让你陪她逛街、看电影；你现在要考公，但是你的兄弟整天叫你出来喝酒、打游戏……

你会怎么选择呢？很多人会觉得，如果为了学习，不跟这些人一起玩，一方面觉得亏欠对方，另一方面觉得对方会嘲笑自己假清高、装学习之类的。

但如果是我，我会毫不犹豫地放弃这些社交关系，因为当下的这个考试，不管是高考、考研还是考公，都能决定我一生的命运。

中学时的闺蜜、大学时的男女朋友、工作后的酒友，可能跟你一起走不了多久，能一起走个三五年就不错了。更何况，如果你们的感情真的那么好，那么等你考上后，他们再为你庆功也是可以的。真正为你好的人，能够分清什么对你更重要，绝对不会因为逛街、喝酒，就耽误你追求更好的人生。

反过来说，耽误你追求更好的人生的人，都不是真心为你好的人，你又何必纠结他们怎么想呢！

我当年考研的时候，就明确地跟朋友说：不要给我发信息，也别找我吃饭，什么事都别找我。我把自己放在一个与世隔绝的地方，专心学习，7个月后考研，然后就考上北大了。

说白了，你不是放不下他们，你是没有认识到考试和学习的重要性，也没有把这件事情提高到最高优先级。"不够重视"就带不来好的结果。

所以你一定要想清楚，在这个阶段什么最重要，放弃那些无关紧要的东西。

你想明白了这件事情，生活中的很多事情都会显得无足轻重，也就不会再让你纠结、焦虑了。

比如你每天都要打扮得光鲜亮丽去上学，洗漱、打扮要花1个小时，现在你能不能花5分钟就洗漱完毕；以前你每天纠结吃什么都要花20分钟，现在你把这20分钟拿来记30个单词；以前你每周跟朋友吃饭要花6个小时，现在你就不如用这些时间来看一本书。

想明白什么事情最重要，你愿意为这件事情付出什么代价，很多问题都会迎刃而解。

可能很多人会觉得，没必要这么苦大仇深，别让自己太累了。相信我，真的有必要，因为"随便搞搞"和"全力以赴"，结果是天差地别的。

阶段性目标的优先级管理：中期目标的重点，在于工作统筹。

这是什么意思呢？就是在1个月至6个月这种时间尺度上，时间管理的关键是对自己的情况进行分析之后统筹工作，分清轻重缓急。

举个例子。之前有一个高二女生的妈妈，在我的直播间里说，她女儿的英语和语文不错，但是数学严重偏科，于是花了大量的时间在数学上，最后数学没有进步，英语和语文的成绩也下来了。

这就是工作统筹出了问题。我们听很多领导讲话，经常是既要、又要、还要，感觉对方是"站着说话不腰疼"。但实际上这确实是很重要的思维方式，因为考试看的是总分，而不是某一科的分数，所以各科分数必须要全都提上来。

但如果像这个女生一样，摁下葫芦起了瓢，该怎么办呢？

首先，建议优势科目采取最小努力原则，劣势科目采取集中攻克原则。

这是什么意思呢？这就是说，优势科目不能放弃，要继续保持稳中有进；劣势科目要集中时间，突破关键板块、题型。

怎么做呢？先对自己的具体情况进行分析，看压缩哪些工作量不会影响优势科目。以这个女生为例，她其实可以保持记单词的工作量，同时保持真题和优质题目的练习，但是减少一般辅导机构的练习题的数量，或者对于那些比较简单的、一做全对的内容，直接舍弃，不要浪费时间。

因为一般辅导机构出的题目，没有什么代表性，做不做意义不大；一做全对的题目，一方面难度不大，另一方面代表你已经完全掌握了相关内容，偶尔练习保持肌肉记忆即可，暂时放弃也没什么。

而对于劣势科目，则可以结合后面第18章讲的"学渣"如何逆袭，找到弱势科目里分值最大、提升相对较容易的板块，花一两个月的时间，从最简单的题目入手，进行海量的练习，先把一两个板块吃透。

偏科，就意味着你哪儿哪儿都不行，与其伤其十指，不如断其一指，拿下任何一个板块，都能带来比较显著的提升。

比如在高考数学里，常考的立体几何、数列、向量、概率的问题，往往难度不大，但是分值很大，一般起码有40分。

在这一部分的日常练习中，要果断地放弃对难度很大的题的练习，因为高考时难度不会很大。况且，如果你是"学渣"，练习高难度的题也没用。重要的是，通过海量的基础练习，把简单的题全做对，这才是最重要的，而不是花时间研究难题、怪题。

实际上，80%的题目都是基础题目，重要的是不出错，而不是上难度。

再举一个考研的例子。在考研当中，最重要的就是要保证高数和英语的分数。这两个点最难拿，也最重要，这是学霸的基本盘，要在这两个点上充分花时间。如果是文科，则还简单点，专业课和英语是基本盘。

对于政治科目，很多人都能考到 70 分以上，大家在这个科目上相差并不多，那就保持相对低的努力程度，在考前几个月学习也就够了。然而，很多人很早就开始学习考研政治，不但挤占了其他科目的时间，而且也没有特别实质的意义。

其次，你要不断地测试，如何分配时间，才会两不耽误。

每个人的具体情况是不一样的，没有一概而论的节奏，所以你要不断地测试，如何分配时间，对于你来说是最好的。

我在考研的时候，就认识了一个考复旦大学的女生，她的作息时间跟别人完全不一样。比如我是每天早上 5 点起床去图书馆，而她是每天下午才起床，学习到凌晨。她最后也考上了，尽管有很多人认为，她的时间安排不合理。

但在我看来，没有什么合理不合理的，只要能拿到想要的结果，那么适合自己的就是最好的。

最后，要提前想清楚，你想追求什么结果，然后根据结果倒推，分阶段执行"目标—计划—反馈—学习日记"这个链条，每周、每月、每季度、每学期都要反复重复这个链条。

很多人动不动就喜欢谈梦想、谈追求，但是却忽略了最关键的，就是对每年、每季度、每月的工作进行统筹管理，不断调整、优化、巩固、提高，想尽办法拿到更好的结果。

好的过程带来好的结果，离开过程管理谈结果，无异于空中楼阁。

03 人是习惯性动物：工作习惯化，让学习"自动运转"

时间管理的第三个关键，就是让工作高度习惯化、自动化。

诺贝尔经济学奖得主卡尼曼，在《思考，快与慢》中说人有两种思考模式，分别是"快思考"和"慢思考"。慢思考是需要动脑子才能做到的事情，而快思考就是下意识的本能和习惯，不需要有意识地控制行为，也就不会再消耗意志力了。

在日常学习当中，我们也可以培养自己，把一些工作全都变成肌肉记忆，让工作变得更加机械化；把每一点潜能都开发出来，让自己进入深度工作的状态，而不需要思考纠结，更不需要动用自控力。

这样你就只需要按照习惯，不断机械地往前推进，阶段性调整工作内容，然后反馈进度进行调整也就够了。下面介绍三种方法。

第一种方法，碎片场景自动化，充分利用碎片化时间，见缝插针地安排学习任务。

比如你可以在坐车时练听力，可以在回家的路上思考数学题，可以在睡前背一个政治知识点。

我们的生活其实高度重复，每天在固定的时间点都做类似的事情。我们要做的就是不浪费这些场景或者时间，找到可以机械执行的机会。

比如我以前吃饭的时候，都会错峰出行1个小时，等大家都吃得差不多了，不用排队了，我再出发。我把节省下来的时间用来记单词，这样就既可以记单词，又可以减少排队时间。

我把考研单词记了50遍，靠的全是碎片化时间，这种碎片化时间的作用是非常大的。

第二种方法，地点固定化，在固定的地方做固定的事情。

人对自己的工作环境是有适应性的，如果总是要重新适应环境，则会给深度工作带来离散型的阻力，每次都要重新适应才能进入状态。

比如你在考研的时候，可以在图书馆的某个小角落找一个专属于自己的背书地点，每次背东西都可以去那里。

这种方法我也实验过，每次一到了那里，就能迅速进入状态，马上可以背东西。

第三种方法，时间段自动化，每段时间都固定用来做固定的工作。

有时候人跟机器是很像的，特别适合每天在固定的时间段做固定的事情，不需要特别多的变化，也就不需要思考做什么，更不需要纠结、犹豫。

例如，我在考研的时候，每天都会在 12 点记单词，记半个小时后再吃饭，记不完就不能走，那种急切感对记单词特别有效；我会在每天早上 6 点到 7 点半背书，背不完不能吃饭；甚至每周吃什么都是非常固定的，因为我常去的那家食堂有几种早餐特别好吃，我就固定吃那几种，这就节省了选择的时间。

这样就在固定的时间、工作地点、场景安排上了固定的任务，你就像一个飞轮，会越转越快，因为你不需要思考，只需要按照习惯推进就可以了。时间越久，飞轮的转速就越快。

04 时间管理小技巧

这里再分享一些时间管理的小技巧，以便能充分提高学习效率。

第一个技巧，尽可能用大段的时间处理艰难的问题，用零碎的时间处理零碎的问题，尽可能不要切割时间。

比如下午我一直都在做英语真题，有人叫我出去购物，或者听讲座，我就不会去，否则会把下午整段的时间切割开，我做题就没法连续起来了。我们每次从任务中切换出去，再切换回来，一般需要15分钟，才能回到初始状态。所以尽可能把大段的时间用在比较困难的任务上，进入专注的心流状态。

第二个技巧，在学习的时候关掉手机，起码要关闭消息通知，或者在学习的时候不带手机，让自己跟诱惑物理隔绝。

人的意志力和精力是有限的。如果总是面对诱惑，那么就要将大量的时间花在抵抗诱惑上，而不能全神贯注地学习。与其这样，还不如直接把手机放起来，或者关闭各种通知，让自己没有机会面对诱惑，省事又省心。

第三个技巧，要学会拒绝别人。

经常有些看起来很热心的人，喜欢跟你聊天，或者分享他们的负能量，求安慰，或者求你帮个小忙，你一定要有意识地拒绝这种人分散你的注意力。

因为你的时间很宝贵，没有必要将时间浪费在这些无关紧要的地方。即使你稍微自私一点儿，我觉得也是可以接受的。

你要极度重视自己的时间，这是一切成就的根基。

第四个技巧，一心一用，保持专注，尽可能不要边听歌边做题，也不要边聊天边做题，尽可能让自己进入心流状态。

很多人从小养成了坏习惯，比如边看电视边做作业、边听歌边刷题、边闲聊边看书，或者一会儿做题，一会儿看书，两者都不连贯。专注同样也是一种习惯，需要用漫长的时间来培养。

第五个技巧，养成高强度工作的习惯，你的身体是会适应的。

很多人喜欢藕断丝连地同情自己，总觉得学习和工作不要苦大仇深，不要搞得太辛苦,不要花太多的时间,而且还要用一些东西来犒劳自己,比如刷短视频、打游戏之类的。

但是人的身体潜力无限,你完全可以把工作强度逐渐提上来,你的身体是会适应的。

我在考研的时候有几个"研友",特别注重平衡工作和生活。比如每3天会打一次羽毛球,3个小时;每天5点来图书馆占座之后,还要回去睡2个小时。

结果也是可以预见的,这几个兄弟都没考上。

在这种高强度的竞争之下,你不能总是若有若无地可怜自己。满打满算,你就高强度工作一年半载,也就冲过去了。

反而是那种总强调劳逸结合的人,反复地考,好几年都陷在这里面,其实还不如拼一把冲过去再说。

第六个技巧,番茄钟工作法,即每过一段时间,比如45分钟或者1个小时,就休息10分钟;每过4个番茄钟,就休息时间长一点儿。

大家可以根据自己的情况,决定自己学习和休息的频率。因为人的注意力是有限的,长时间一直耗在一件事情上,学习效果很快就会下降。而如果你休息的频率太高,休息的时间太长,既达不到训练自己的目的,还会降低学习的效果。

在这10分钟的休息时间里,并不意味着你要去刷抖音、打游戏,你可以看看远方、上厕所,或者做拉伸,让自己舒缓一点儿,然后尽快回到学习当中。休息是为了更好地学习,而不单纯是为了玩和放松。

你需要做的,就是在一个番茄钟时间内,尽可能专注,不要被任何人带走注意力。所有与学习无关的事情,都要在休息时间完成。

运用番茄钟工作法,能够有效训练你的时间管理能力,尤其是你的专注力，让你不再频繁地走神，或者被其他事情打断。

刚开始运用这种方法时，你可以把学习时间设定为 20~30 分钟，既不长也不短，逐渐适应这种工作模式和强度。你练习的时间越久，就会越习惯，也就会越高效。

时间管理是一项特别私人化的工作，就是你要研究什么事情更重要，你要选择什么、舍弃什么，什么方法既能让你高效工作，又不至于累到无法持续。而不是按照自己一直习惯的状态，惯性地走下去，对已经存在的问题视若无睹。

说白了，就是主动寻找解决问题的方法，让自己成长得更快一点儿。

第8章　费曼技巧：
人类顶级学习法，4步成长为学习高手

在这一章中，我们分享一种人类顶级学习法——费曼学习法。

我第一次知道这种学习方法，还是在高中时。

当时，我们的班主任讲了一个故事：当地有一个农村大叔，他的女儿从小到大都考第一，最后一路去了清华大学。有老师问他：你是怎么培养你家姑娘的？他说："也很简单，每天她回到家，我就让她讲，今天学了什么知识，我对着课本和试卷答案，看她讲得对不对。"

大叔的本意，可能是督促女儿学习，但是无意中用到了一种很高级的学习方法，就是费曼学习法。

这种方法是诺贝尔物理学奖得主，知名物理学者理查德·费曼提出来的。他是物理学界的超级明星，影响力非常大，他也是乔布斯、比尔·盖茨以及谷歌创始人谢尔盖·布林这些大神的偶像。

据说费曼的智商在120左右，中等偏上，但是和很多学术大师相比，这个智商谈不上多么惊人。后世认为，费曼的成就很可能归功于他的学习方法。

费曼学习法的含义很简单：用自己的话，把学到的知识说出来，最好能让完全不懂的人听懂，以此检查自己对知识的掌握程度，同时巩固那些讲得不好的地方。

这种学习方法看起来简单，但是非常有效。有心理学家研究表明，费曼学习法的效果是一般人平均学习效果的18倍。打个不完全恰当的比方，你原来需要18个月才能学会的东西，采用费曼学习法后，用一个来月就能学会。

费曼学习法的四个步骤如下：

第一步，制定目标。明确自己要学什么，以什么节奏学。

第二步，输出知识。使用各种各样的方法输出自己学到的知识，可以是复述，也可以是给别人讲题，以此检测学习中的问题，对学习成果进行加固。

第三步，使用"333原则"，讲给3个人听，举3种反例，应用3次，在多种场景中思考、实践，反复验证自己的想法，巩固对知识的理解，在每次实践中进步一点点。

第四步，再次输出。检测是不是达到了最初的目标，如果没有达到目标，就把以上流程再来一遍；如果已经达到目标，则可以考虑这个知识或者技能有没有新的玩法，能不能产生新的联想，带来新的灵感。

费曼学习法之所以好用，就是因为它充分调动了你的思考、联想和表达能力，把被动学习变成了主动学习。

接下来，我们具体讲讲费曼学习法的实操。

01 制定目标

费曼学习法的第一步，就是制定目标，明确自己要学什么，而不是漫无目的，随便学、随便看，做到哪里是哪里。

同时，你还要根据自己的目标制订学习计划，掌控学习节奏，开始学习。

这一部分内容，前面已经讲过了，这里不再赘述。

02 输出知识：输出，是检验学习成果的试金石

费曼学习法的第二步，就是输出学到的知识，验证自己有没有学会。

输出阶段是最重要的，也是费曼学习法的精髓和核心。如果你能让完全不懂的人听懂你讲的知识，则说明你已经把理解的门槛降到足够低了，也说明你已经充分掌握了这个知识。

相传白居易每次写诗，都会读给老奶奶听一听。如果老奶奶听不懂，他就重新写、反复修改。这也是为什么白居易的诗能够千古流传下来。因为每个人都能读懂，传播范围太广了。实际上，这也算是对费曼学习法的一种应用。

那么，我们应该如何使用费曼学习法对知识进行输出呢？

费曼学习法的"输出"有四种形式。

第一种，写作业或者说刷题。 写作业，是最常见也最容易被忽略的形式之一。我们可以在写作业的过程中发现问题，主动解决学习中存在的问题。

第二种，考试。 考试是对自己的阶段性学习的检测和总结，以便搞清楚这一阶段都有哪些知识学得还不够好，以及练习的强度够不够。

不管是写作业还是考试，很多同学都比较注重结果——自己对了多少、错了多少、得了多少分、进步或者退步了几个名次。

其实这些都不重要，重要的是写作业和考试反映出来的问题——还有哪些地方掌握得不够好，需要进一步提升，以及有没有实现自己最开始设立的目标。

检测的目的是发现问题，并且解决问题，而不是单纯地纠结检测的结果。

第三种，主动和别人分享你学到的东西。 你可以主动将自己学到的知识讲给父母听，讲给同一个学习小组的同学听，甚至讲给师弟、师妹听……讲给任何一个能够听你讲的人，一定要讲到他们听明白了才行。

对于这种输出形式，有三个关键点大家一定要注意。

- 一是要找一个不很懂的人听你讲，尤其不要尝试给学霸讲。因为学霸往往很聪明，或者对这个知识有非常深刻的理解，可能他比你还要懂，那么你的输出就没有意义了，也没办法检验你的学习成果了。

- 二是对方一定能坦诚地给你反馈，千万不要找一个喜欢不懂装懂的人。因为如果对方明明没听懂，但是又不好意思告诉你，那么就很难判断你是不是真的讲清楚了。

  所以你在找人的时候，一定要判断他的可沟通水平。如果对方不愿意给你反馈，或者对你讲的知识非常厌恶，那么你的输出也很容易无效。

  而且听你讲的人要能够提供正向反馈，不会因为你讲不明白而贬低你，更不会因为你的分享而嘲笑你。因为人的热情是很稀缺的，如果对方因为各种原因贬低你，那么你很快就会失去兴趣，就不愿意再继续讲了。

- 三是你自己要有耐心。当别人表示完全听不懂的时候，或者反复听你讲也不懂的时候，你也不要失去耐心，或者觉得对方太笨了。

  如果因为别人听不懂就生气，那么就失去了费曼学习法本来的意义。你应该好好想想，自己的表达是不是简洁，逻辑是不是清楚，语言是不是通俗易懂。

第四种，讲给自己听，或者把最近学到的知识写下来也可以。 因为在讲给自己听的过程中，你会发现根本没办法欺骗自己，不会就是不会，不懂就是不懂，你没办法不懂装懂，跳过这一部分。

你也可以在学习完成之后，把这个知识全盘写下来，或者自说自话，看自己是不是有卡顿的地方，或者有自己都觉得没讲明白的地方，这时就需要再进行学习了。

或者，你可以把这个知识写成一篇科普文章，想想从什么逻辑主线进行拆分，用哪些例子来论证知识点。

"说"大家都会，而"写"可以说是最困难的一种形式。如果你能做到"写"这一点，那么就说明你真的把知识点吃透了。

03 "333 原则"：每一次实践，都让你进步一点儿

费曼学习法的第三步，就是"333 原则"，也就是把讲述过程重复 3 遍，反复输出、检查、修正，同时尽可能列举 3 种反例，把自己学到的知识用 3 次。这样才算完全吃透这个知识，使其成为你的知识。

具体应该怎么做呢？

首先，把你学到的知识讲给 3 个人听，或者给同一个人讲 3 遍。

在讲述知识的过程中，你会发现自己的知识缺陷——哪些地方掌握得不够好，哪些地方需要精进。

你讲的次数越多，你的收获就越大，甚至每讲一次，你都会有新的收获。

理想汽车的创始人李想说，他每次学到新知识，都想尽办法给别人讲一讲，越讲越熟练，而且每一次讲解，都能发现新的理解角度，与旧的知识联系起来，自己的成长也就越来越快。

其次，尽可能列举 3 种反例，或者 3 种应用场景。

这就是古人的举一反三的思想，意思是把你学到的知识类推到其他地方，因而可以知道更多的知识。实际上，你是在不断地丰富知识的使用场景，加深对知识的了解。

比如高中的时候，我们的班主任是一个特别棒的历史老师，他将课本删繁就简，直接整理成了高考标准答案的形式，让我们直接背诵，写出来就是标准答案。

经过一段时间的学习之后，我的历史试卷基本就能写得跟标准答案一模一样了，不光要点的顺序一样，甚至文字措辞也基本一致。

这样想不拿高分都难。

后来我发现，这种方法也适用于其他科目，比如语文、数学都可以这么做——总结语文各种题型的模板，把数学每一步的算分规则搞清楚。

当我把这条规则吃透了以后，我的数学基本能达到 140 分以上，语文也能达到 130 分左右。

考研的时候，我再一次使用了这种方法。在考研政治上，我专门去记忆有哪些关键表达，以及一般都有哪些知识点，这些知识点都是怎么说的，分成模块进行记忆。当我能够成体系地记住所有的知识后，后面就可以进行各种知识的排列组合，从而使难度大大降低了，得分也大大提高了。

最后，把新学到的知识用上起码 3 次。

知识存在的意义就是指导实践。如果知识不能拿来用，那么它就是无用的。所以，当你学到新知识的时候，就要尽快用起来，提升实践的效率和质量。

比如我最早学到学习日记法的时候，就连续写了好几天的学习日记，或者说复盘笔记，直到现在还继续写。

这不仅固化了这种方法，而且在实践中还发现了我的理解偏差，进一步巩固了这种方法。

很多人说，"我听了很多道理，可是依然过不好这一生。"这倒不是因为道理没有用，而是因为你没有马上实践起来，时间一久，你就把这些道理给忘记了。

所以，当你学习了费曼学习法之后，就要先把这种方法用起来。当你用了起码3次之后，这种方法才能成为你自己的。

04 再次输出，看有没有新的玩法

费曼学习法的最后一步，就是把整个知识框架重新输出一遍，确认自己已经完全掌握了这个知识。同时可以思考，这个知识还有没有新的玩法、新的应用，以及还可以把这种方法推广到什么地方。

到了这个阶段，说明你已经把费曼学习法使用得非常熟练了。

大家可以看到，费曼学习法并不单纯是一种方法，而是一种思维模式，也是一整套学习流程。学会了这种方法，能让你对知识彻底融会贯通，提升你的认知能力和实践能力，避免那种似是而非的成就感，学会了就是学会了，没学会就是没学会，不会给自己留下知识隐患。

使用费曼学习法，更能够加深你对知识的理解，掌握知识的逻辑和框架，这比机械地强行记忆效果要好得多，记忆的时间也更长。

费曼曾经说过一句非常经典的话，大家不仅要记住其中文意思，还要记住英文原文：

If I couldn't reduce it to the freshman level. That means we really don't understand it.

"如果我不能把一个知识给一个门外汉讲明白，那么我就不算完全学会了这个知识。"

第 9 章　学习日记：
每日复盘，见证学霸的成长之路

在这一章中，我分享一种非常简单，但是非常有用的方法——学习日记法。这种方法不仅能够帮助你提高学习成绩，而且在你工作之后，也有非常大的用处。

学习日记本质上就是复盘。我从一个北大同学那里第一次知道了学习日记法，当年他使用这种方法，从高二下学期只能考 400 多分，到高考时考到 680 分，来到了北大。

这种方法说起来也不复杂，就是每天简单地记录和复盘：今天的学习目标是什么，遇到了什么问题，有哪些收获可以复用，下一个阶段该如何纠正自己的问题。

他就靠着这样一种简单的方法，再加上非常大的努力，在很短的时间内就取得了巨大的进步。

后来我开始做"个人成长"博主，发现这种方法叫"复盘"。当然，你也可以叫它"反思"，只不过这种方法的指向性和可操作性非常高。

我做"个人成长"博主这么久，我认为这种方法对个人成长的作用是最大的，再怎么重视都不为过。

为什么呢？

首先，绝大多数人对自己都太熟悉了，熟悉到自己出现任何问题都不会感到太惊讶，久而久之，也就适应了和问题共生。如果根本不认为这是问题，那么也就没想办法来解决问题。

例如，你从小到大都很粗心，于是你就认为这是你的天性，你就不会花大力气来解决粗心的问题。或者你认为自己天生不擅长记忆，于是你就不会寻找方法来解决记忆力不够好的问题。这就是我们常说的，认命。

写学习日记，本质上就是给你一个机会，把你从繁忙的工作当中抽离出来审视自己，对照最初的目标和计划，研究自己的进度，解决学习和工作中的问题，从而提高效率。

其次，人的记忆是不靠谱的，你以为自己对很多知识都记得特别清楚，但很多可能都是错觉。与其信任自己的脑力，不如把知识和问题都记下来，定期回顾。

给大家讲一个故事：

有一个律师曾经问证人："事情过去那么久了，你还记得清楚吗？"证人非常自信地说："我的记忆力超群，完全能够记得住。"

律师说："你抽烟已经20年了，你应该抽过骆驼牌香烟吧？"证人说："抽过，我一直抽这种烟。"

律师接着问："那在骆驼牌香烟的包装上，那个骑骆驼的阿拉伯人有没有胡子呢？"

证人想了一会儿，很坚定地回答："有胡子。"这时候律师拿出来一盒骆驼牌香烟，结果包装上根本就没有阿拉伯人。

很多时候我们的记忆力并不过关，但是我们依然格外自信，总觉得记忆特别深刻，甚至还会根据现在的需要，下意识地对过去的知识、信息、方法进行伪造和虚构。

所以不要太相信自己的理性和记忆力，而是要使用第三方工具，定期记录、审视、纠正自己的问题，让自己朝着目标前进——既不至于偏离轨道，因为你的目标和计划是明确的，也不至于心生怠惰、焦虑、纠结，因为你的进步是实实在在的。

那么该如何写学习日记，在学习日记里写什么，以及如何使用这种方法提高自己的成绩呢？

这种方法分为三步。第一步是如实记录你在当前阶段遇到的问题；第二步是针对问题，提出解决办法；第三步是定期复习检测，验证这一阶段的问题的解决办法。

简单地说，就是记录问题、分析解决问题和定期复查问题。

是不是听起来很简单，但做起来并不容易，我们来看看具体应该怎么做。

01 不要欺骗自己，如实记录遇到的问题

学习日记法的第一步，就是定期如实记录遇到的问题。这里建议大家每天、每周、每月、每学期都挑一个固定的时间，记录自己遇到的问题，以及当前阶段收获的知识和方法。

可能很多同学会觉得：我每天记录，也没什么太大的变化，岂不是每天都差不多，也没什么可说的；我记录的都是自己知道的事情，有什么意义；每天都花时间记录，是不是太麻烦了，占用了太多的时间。

大家多虑了，一方面，只有开始记录了，你才能够花时间思考自己的问题，才有可能总结自己的进步和失败。例如，如果你一直在做一件事情，但是没有积极的反馈，那么很快你就会觉得没意思。而当你记录

下自己的收获时，你也能够被鼓舞；你记录下自己的问题，也有利于你跳出自己的世界，理性、客观地审视问题。因为能够写清楚，往往也能够想清楚，所以记录本身也能够推动你成长。

另一方面，人的记忆是很有限的，当你能够坚持 6 个月到 1 年的时间时，你就会发现这个学习日记记录了自己很多的成长。你能够有效对比这一大段时间以来的成长，这种收获感和满足感是无与伦比的。

很多同学都是机械化地学习，每天就是刷题，希望用大水漫灌式的练习来提升自己；很多同学甚至不知道自己的问题是什么，自己应该加强哪一方面的训练。这是非常低效的。但是学习日记法，能够每天都把你的问题展现给你，强行提醒你要解决什么问题，这本身就是一种目标导向思维。

学习日记法，就是强行把你拉到自己的问题上来，强迫你集中注意力解决它们。

第三方面，写学习日记绝对不是在浪费时间，每天写学习日记花费的时间不会超过半个小时，你的时间再紧也不会缺这半个小时。更关键的是，从长远来看，这每天半个小时能够有效提升你的学习效率。

我们要知道，人和人的差距不是来自年龄，甚至不是来自经验，而是来自对经验的总结、反思、修正、再执行。学习日记就起到了这个作用。

古人说，磨刀不误砍柴工。虽然看起来磨刀花了时间，但是总体来说，它是能够提升效率的。

具体怎么写学习日记，大家可以参考下面这个表。

学习日记

姓名	时间
目标与计划	（日、周、月、季度原定目标与计划）
执行情况	（对日、周、月、季度执行情况进行总结）
分析与改进	（为什么没有完成，应该怎么改进，已完成的如何固化经验）
知识与思考	（这一阶段收获的知识与思考，知识可用关键词形式列出）

记录自己的学习，有三个关键点。

第一，不要担心自己的一天乏善可陈，可以如实记录一天发生的事情，以及你的思考和总结。哪怕是流水账，也没有关系，挑重点记录即可。

那么应该记录哪些问题呢？日本人佐藤传写过一本书，叫《晨间日记的奇迹》，他提到一种九宫格法，就是用九个格子列出九个方面的问题，来记录自己的一天。

我认为可以更进一步，把这九个格子缩减一下，简化成七个问题：

你今天遇到了什么问题？你在这个问题上犯了什么错误？为什么会产生这个问题？在犯错的时候你是怎么想的？你准备怎么解决问题？你什么时候解决问题？这个问题对你有什么启示？

回答完这七个问题，实际上就把你这一天的学习日记完成了一大半。

前期，你可能会记成流水账，感觉自己没什么可说的。但是千万不要灰心，你可以把这七个问题打印出来手写，把这些问题当成一个个具体的目标，列出每日的执行计划和思考，你逐渐就能感受到自己的进步和收获。

第二，建议你不要把自己当成学生，而是要当成老师，思考自己应该如何解决问题。你不仅仅要写下来"我不会这个，我不会那个"，还需要进一步回答一个问题，"我不会这个知识点，应该怎么办？"

比如你发现英语和语文作文是自己现阶段比较差的板块，而且分值比较大，提分效率比较高。你应该怎么办呢？

当然，首先是搞清楚老师判分看重的是什么——是结构，是金句，是论点的新颖程度，还是文笔的流畅性。其次是应该先解决哪个问题，怎么解决，解决的计划是什么。最后是应该如何调整适合自己的计划，如果执行不顺利，你应该怎么调整策略，或者推动工作往前进行；你应该找谁请教，看你的计划和方案是不是自己的一厢情愿。

说白了，你不是一个小孩，也不仅仅是一个学生，而是一个对自己负责的人，所以你有责任解决自己面临的问题。你要知道，除了你自己，没有人能够为你负责。

第三，如实记录问题。很多时候我们会下意识地美化自己，比如做错了一道很简单的题，你会说其实自己会做，做错了只不过是因为粗心。于是你觉得下一次只要稍加注意，就一定不会错了。

但事实往往是，你天天说要注意，但是不管怎么注意，都在继续犯同样的错误。这时候你就应该明白，你的问题根本不是粗心，单纯地提醒自己注意也是没有用的，你也注意不起来。但是因为你对自己的美化，你没能找到症结所在，于是也就不可能解决问题。其实真正的问题不是粗心，而是你做题的数量不够多，没有形成肌肉记忆，很多非常简单的题目仍然容易做错。

所以在这个过程中，一定不要刻意美化自己，也不用刻意贬低自己，最好是理性、客观地对待自己，实事求是，是什么就写什么。

02 刻意练习，有针对性地解决学习中的问题

学习日记法的第二步，就是理性、客观地分析问题，有针对性地提出解决问题的方案和计划。

很多时候我们都会被问题的表象所欺骗，以为真正的问题是出在表象上。但很多问题都有比较深层次的原因，绝对不是"我要振奋，我要努力"这样的口号，或者打三天鸡血这样的运动式努力，或者看两部鸡汤电影，就可以解决的。

在有针对性地分析问题的过程中，也有三个要点。

第一个要点，要分清楚是表象问题，还是根本问题。

很多时候我们都会被表象问题所欺骗，或者下意识地美化问题。比如前面讲的，本来出错是因为训练量少，而你总觉得只不过是粗心而已。但实际上不管你怎么提醒自己专心，依然会犯错。

有的同学总是想不到标准答案上的那些要点，于是就认为自己太笨了。但实际上是因为做题太少了，同时对标准答案研究得太少，没有总结出常见的答案模板。

有的同学认为自己的拖延症太严重，或者效率太低。但实际上有可能是因为熬夜太多，身体疲惫，天然抗拒学习；也有可能是因为设定的目标太宏大，一时不好入手，产生了畏惧心理。

还有的同学考试分数低，总是觉得自己虽然勤奋，但又不够勤奋，没有刷足够量的习题。其实更可能的是你虽然很勤奋，但是根本就没有分析过考点，甚至不知道哪些算分、哪些不算分，更不知道考试考查的重点是什么，所以训练就没有针对性。

因此，你要不断地追问自己：我的问题到底是什么，我应该怎么解决问题，然后主动出击。

第二个要点，要尝试验证自己的观点。

大家知道有一种说法叫作试错，就是把所有的可能性都摆在面前，尽可能穷尽所有的可能性，然后挨个尝试，看哪个才是这件事情的关键。

比如前面讲的几种情况，没有学习方法经验的同学，很容易下意识地把某个结论当成根本原因，如粗心、偏科、天生就笨……

但是他们很少会去验证自己的想法，比如自己提出的这些问题是不是真的无解，如果要解决这些问题应该怎么办；按照自己设想的办法，或者老师给出的办法，在尝试了 3 个月以后是不是有了进步，如果没有进步，自己又应该进一步做出什么样的努力。

大家要知道，学习的根本作用不单纯是为了拿个高分，更多的是训练自己改变，改变自己对经验的解读方式，优化自己的行为方式，解决自己的问题，不断迭代进步。

因此我们要不断地探索，到底什么方式更适合自己。比如有的人适合早起，有的人适合晚睡，有的人适合背诵，有的人适合默写……重要的不是让老师给出一个一成不变的方法，而是我们要通过不断地尝试寻找一个适合自己的方法。

第三个要点，要刻意练习，有针对性地提升自己。

刻意练习，说白了，其实就是有针对性地训练最薄弱的环节。

刻意练习的效率是非常高的，可能比大水漫灌式的学习效率高出几倍。

大家都知道世界首富、科技狂人马斯克，他的创业领域涵盖了火箭科学、工程学、物理学、人工智能、太阳动力能源等，他还要进行企业的日常管理。他是怎么做到这么博学的呢？

一个很重要的因素就是刻意练习。当他准备开始进入一个新的领域时，他会集中一段时间来学习这个领域的知识，找到这个领域最顶尖的书，每天阅读两本专著，争取在几个月的时间内对这个领域建立认知。

这种集中时间、刻意练习的方法，看起来占用了很长一段时间，但实际上只花了几个月就对一个大领域建立起深刻认知，效率反而比每天只学一点点高得多。

普通人也可以使用这种方法，只要你的智商正常，在几乎所有的考试科目当中，你就都可以通过在一段时间内有针对性地刻意练习，提高自己的成绩。

一方面是画小圈，就是尽可能把遇到的问题拆解细分，看自己到底是概念和理论不清楚，还是应用不过关，抑或是钻研的深度不够。另一方面是要有针对性地解决问题，然后进行海量训练。

你可以使用费曼学习法，复述自己学到的内容，如果复述不出来，就表示没有学透。

你也可以研究自己日常的试卷，如果发现自己的答案与标准答案的差距很大，那么就说明你对答案研究得不深刻。

比如你发现自己总是犯低级错误,那么可能是训练的量不够,你就要给自己制订一个一万道题的训练计划,让一些基础的题目形成肌肉记忆,不需要计算思考就能直接写出答案。这样一来,过程缩短了,自然错误的概率就降下来了,做题的正确率也就提高了。

根本上,还是要把真正的问题找出来,拆分到最小单元,研究自己应该如何改变,如何找到适合的解决办法,如何训练自己。

03 定期回顾:你的学习和工作,是否符合预定计划

学习日记法的第三步,就是要定期回顾学习笔记,检验自己是不是实现了当初设定的目标,以及过去有什么经验值得现在借鉴吸收。

我把这个复盘笔记分成周、月、年三个阶段。

大家可以在每周日的下午、每月的最后一个周日、每年的 12 月 31 日最后一天,专门拿出时间来复盘,看过去一个阶段哪里做得好或者做得不好,应该如何调整、巩固、充实、提高,相信一定会对你有所帮助。

在定期回顾时,你要问自己四个大问题。

- 第一,本周、本月、本年的目标,或者说执行计划是什么。大家可以结合第 3 章中目标和 OKR 的那一部分内容进行学习。
- 第二,执行的结果是什么。你完成的结果比预期的好还是不好,如果进行量化的话,差距是多少,或者到底好多少。这个部分一定要有具体的数值。
- 第三,好和不好的原因分别是什么。如果现在重新做这件事情,你会怎么做,是不是会有什么不一样。你最近学到了什么能够帮助自己解决这个问题。如果你没学到新的东西,那么原因是什么。
- 第四,对经验进行总结。哪些方法是有效的,哪些方法是无效的,

哪些方法虽然无效，但是可以再试试，哪些方法是可以被推广到其他领域使用的。

同时，你也可以把最近学到的新知识、新经验、新想法写在这一栏。

你可以抽出固定的时间，看看自己的成长日记，相信你一定可以感受到自己进步的喜悦和振奋。

有条件的同学，可以用电脑记录。我自己用的是有道云笔记，可以直接看到去年今天的内容。没有条件的同学，可以把这些内容写在一个本子上，每周、每月、每年进行查看，推动自己成长和改变。

当然，这种方法不是速成的方法，需要你扎扎实实地付出努力，它能够扎实地推动你进步。从长远来看，它对你的学习和工作能力都有非常大的帮助。

只要坚持下来，你必然能够获得长远的收益。

第10章　知识框架：
　　　　体系化学习，为知识建立编码

很多同学的学习都是孤立的，在知识点之间没有建立起联系，知识点越多，管理的难度就越大。这就像狗熊掰苞米，很容易掰了一个掉一个，不仅不利于记忆，还没有办法相互联想。

因为一方面，各种考试都喜欢考查知识的交叉和组合，如果学习缺乏体系，那么就很难应对考试；另一方面，如果不能建立起知识框架，学习和做题的效果就会大打折扣。

而且很多题目都可能涉及多个知识要点，如果你没有建立起知识框架，那么在回答的时候就很容易遗忘要点。这并不是说你不会做这道题，而是说本来有八个要点，如果只凭记忆力，你可能只想起来六个要点，但是如果把所有的知识点按照一定的逻辑组合成一个体系，你就不会遗忘剩下的两个要点了。

那么，我们应该建立什么样的知识框架，如何建立自己的知识框架，这些知识框架平常又是如何帮助我们提高学习效率和考试分数的呢？

01 知识框架：为知识建立编码，加深对知识的理解

首先，什么是好的知识框架？建立知识框架的目标是什么？

把所有的知识点都罗列出来，按照课程的顺序编排写在纸上。这不

是知识框架，这是要点罗列。因为知识点之间缺乏逻辑关联，对你的理解和记忆没有太大的帮助。

从这个角度来说，知识框架就像一张巨大的蜘蛛网，你就是那个需要调用知识的小蜘蛛。每个知识点都像蜘蛛网的节点，按照一定的规则进行排列和联系。每当你需要使用某个知识点的时候，哪怕你完全没有记住，也可以顺着这个网络，推演到达那个知识点。

而且知识框架会进一步方便你记忆和理解，因为你在记忆的时候不是面对成百上千个知识点，而是直接面对整个知识网络。

这就好比衣柜里有几百件衣服，如果这些衣服都乱糟糟地堆在一起，那么你整理和找衣服的难度就会很大。但如果将所有的衣服都按照编号，各自分类叠好、挂好，那么你很容易就能找到自己想要的那件衣服。

我们拿考研政治来举例。考研政治包含五大板块的知识，分别是马克思主义基本原理、毛泽东思想和中国特色社会主义理论体系概论、中国近现代史纲要、思想道德修养与法律基础、形势与政策以及当代世界经济与政治。

假如把每个大板块的知识都当成一部分扇形，我们从头开始拓展。比如马克思主义基本原理，可以分成唯物论、辩证法、认识论、历史唯物主义四个板块。

这四个板块分别讲什么呢？

- 唯物论，讲这个物质世界是什么样子的。物质本身是人类社会的自然基础和前提，物质决定人类社会的存在和发展，人类社会又影响了物质世界，以及在这个观点的基础上，人应该尊重自然规律，顺应自然规律，同时积极改造物质世界。

- 辩证法，讲事物内部各个要素之间的关系。万事万物都是相互联系的，事物是不断发展的，矛盾双方是对立统一的，以及在这几点的基础上，我们应该怎么看事物和事物之间的关系。
- 认识论，讲我们是怎么认识世界，以及怎么改造世界的。
- 历史唯物主义，讲社会存在和社会意识的关系。这其实是唯物论在人类历史、文化、思想方面的体现。

这四个板块，基本上就把整个马克思主义基本原理说清楚了。我们可以怎么理解呢？

我们先要知道世界是物质的，这是世界的本源，但意识能够影响物质。这就是唯物论的内容。

我们已经知道了世界是物质的，那么物质世界的万事万物有什么普遍规律呢？那就是万事万物相互联系，不断发展，对立统一。这就是辩证法的内容。

基于世界的物质性和这三个普遍规律，我们怎么认识世界、改造世界呢？当然是物质的实践决定认识，然后从事物的联系、发展、对立统一的角度去认识世界。这就是认识论的内容。

以上这些特性，在人类的历史、文化、思想当中是不是也存在呢？当然也存在，依然是物质的社会存在决定精神的社会意识，但社会意识反作用于社会存在。这个社会意识有没有独立特征呢？有。那就是人民选择了历史，或者说这个社会意识就是人民的历史。

这就涵盖了物质世界，以及物质世界各元素的普遍规律，我们如何根据前两者来认识和改造世界，以及在人类的历史和社会问题上应该怎么做？

实际上就是把整个大的知识分成了四个板块，如果继续往下拆解，那么就能够得到整个马克思主义基本原理的知识脉络，大家能够明显地看出来这四个板块不重不漏地概括了整个理论的知识。

这个知识网络不仅方便你记忆，还方便你考试。例如，当你考试拿不准的时候，可以回忆一下这个知识框架，把每个板块的知识点都和题目对比一下，找到答案的概率就会大大提高。

02 建立知识框架：摸清知识点间的关系，打造知识模型

那么，如何建立一个知识框架呢？

第一，你需要看考查科目的整体结构，以及教科书的目录，研究整个领域分成哪几个知识板块。

比如前面讲的考研政治，它就有《马克思主义基本原理》《毛泽东思想和中国特色社会主义理论体系概论》《中国近现代史纲要》《思想道德修养与法律基础》《形势与政策以及当代世界经济与政治》这五本书，也就是分成了五大板块。

我们翻开《马克思主义基本原理》，就会看到目录上写着唯物论、辩证法、认识论、历史唯物主义这四个板块。

当然，我们还可以继续往下拆解，比如辩证法讲了三个理论，认识论讲了四个理论，它们分别是什么内容。

这就相当于从上往下，把所有的理论用一张网涵盖起来了。

第二，你需要深度理解不同的知识板块之间，以及不同的知识点之间有什么因果关系、承接关系、时间关系或者对立关系。

这就需要你吃透不同的知识板块之间，以及不同的知识点之间的关系，知识的内涵是什么，研究这些知识点都在说什么，和其他哪些知识有联系。比如谁提出了这个理论，谁做实验推翻了这个理论，进而提出了新的理论。

例如，在传播学当中，传播学史就能把所有的知识点涵盖到一个网络当中。了解传播学史，就相当于梳理出整个传播学的知识框架。

19世纪末到20世纪初，商业报纸、电台、电影这些现代媒体的出现，使得大规模影响民众的观点成为可能。于是学者认为，媒体说什么，大众就相信什么，媒体是万能的。

但是后来大家发现，媒体虽然很厉害，但看起来也没有那么万能。进一步研究发现，媒体要想达成效果，需要关注媒体传播技巧、人的心理机制、社会整体舆论风向等，然后根据这几个方向不断地向下挖掘，这就又形成了新的知识网络。

于是，传播学的知识框架可以用费曼学习法归纳成：

19世纪末到20世纪初，新技术和商业模式直接催生了大众传媒，比如商业报纸、电台、电视。

这些大众传媒的出现，直接使得"影响千百万大众的思维"成为可能。研究人员提出了"媒介效果万能理论"，认为民众完全听从媒体。

但随着实践和学术的发展，大家发现并不是媒体说什么，大众就听什么，传播效果还要受制于社会环境、人的心理机制、文化环境等，于是又提出了"媒介效果有限理论"。

大家可以看这个例子，知识不是孤立存在的，更不是从石头缝里蹦出来的，而是建立在以前研究的基础上进一步向前演进的。知识也是需要发展和演进的，当你理解了知识板块和知识点之间的联系后，就能初步建立起知识框架了。

第三，根据各种逻辑，对知识点进行归纳和总结，并进行知识串联。

对于可以归纳和总结出来的知识，我们用一句话，或者关键词，或者文本大纲的形式整理出来，然后使用费曼学习法讲一遍，就能明确整个板块的知识框架了。

很多人说可以做成思维导图，但是我觉得没有必要。如果你能用一级标题、二级标题、三级标题这样的逻辑，把整个板块的知识点都罗列到纸上，其实任务也一样完成了。

第四，通过广泛阅读、刷题，建立一个知识模型，不断地往里面添加知识点。

这一点可能更适合拓展自己的知识结构的朋友，不一定完全适合应对考试的同学。

例如，我对改革开放以后的经济史，尤其是 20 世纪 90 年代以后的经济史非常感兴趣，于是就自己写了一份经济分析报告，在阅读很多书的过程中，不断地往里面添加知识点。

这样做不是为了给谁看，单纯是为了建立自己对这个年代经济历史的了解。

比如 1992 年进一步加快了改革开放，所以各地加快投资，上了很多项目，银行大放贷款。

但是因为产能扩张快，很快就供大于求了。再加上各地政府不考虑经济回报，盲目上马项目，于是很多企业生产出来的东西卖不出去。银行一大批贷款收不回来，而中央财政又没钱填补这个窟窿。

所以 1993 年和 1994 年，一方面是开始搞分税制，中央拿财政的大头，地方拿财政的小头；另一方面是推动货币贬值一半左右，帮助企业向外出口；第三方面是鼓励金融改革，推动落后的中小国企破产合并重组。

这就是一整条历史脉络，A 导致了 B，为了解决 B 的问题，又提出了 CDE，直接导致了 F，间接导致了 G。

拓展自己的知识结构，需要你在大量阅读同一个主题的书目时，对整个领域的知识进行归纳和总结。

03 结合费曼学习法，对整个知识框架进行复习和拓展

最后，结合费曼学习法，对整个知识框架进行复习和拓展。

我们需要对整个知识框架进行复述和输出，看自己有哪些地方做得不够好，理解和记忆得不够牢固。

第一，要和课本对比。你可以拿着自己的知识框架，对着课本进行检查，看能不能根据自己总结的一句话，或者一个关键词，把书上的知识点复述出来，不一定要用原话，能说出来意思就行。同时还要检查自己的知识点是不是遗漏了书上的内容。

第二，要和真题、考题、作业对比。如果课本上并没有涵盖所有的考点，那么你就要在日常做作业、考试、读书的过程中不断积累知识点，以及知识点的模板。同时根据考试或者做作业的情况，检查自己是不是已经完全掌握了知识框架上的内容。

第三，要定期根据知识框架，利用费曼学习法进行复习，同时把复习的结果、心得写到学习日记上，分析自己是不是已经完整地掌握了整个体系的知识。

如果这三步都能顺利做完，那么你的知识结构应该就能建立起来了。

第11章　超强记忆：
防止学了就忘，7招掌握记忆规律

很多人非常头疼的一个问题，就是记忆力太差，哪怕是非常常见或者反复背诵的东西，也经常记不住。

网上有很多所谓的高效记忆方法，比如记忆宫殿法、填表法等，但用起来普遍都非常麻烦。还有一些方法也只能用来短期记忆，看起来记得很牢固，但是一旦时间拉长就没有效果了，不太适合需要考试的同学。

在这里，大家必须也要明白，任何思考和记忆能力，都不是直接用一个方法就能生成出来的，而是需要长期的训练，直到找到适合自己的学习和记忆方式。

01 记忆的核心秘密

可能很多人都有这种感觉：

一句话照着书读了十几遍，但是合上书就完全不记得说了什么。

一道题明明已经很认真地做过了，还写进了错题本，2个月后考试又遇到了，只有似曾相识的感觉，就是做不对。

拿到书就背，经常是背完这一单元，上一单元已经全忘光了。

尤其是年纪越大，感觉自己的记忆能力越退化，总觉得自己的大脑已经老化了。

实际上，这些问题非常普遍，原因并不是简单的天生笨、老了，或者其他。

那为什么我们的记忆力这么差呢？我们又该如何提高自己的记忆力呢？

第一，注意力不够集中，脑子里的信息太多了，但是有些重要的知识又没有获得比较重要的地位，于是就很难记住。

我们说得学术一点儿，人脑是通过 160 亿个神经元进行记忆的。打个比方，当你读 A 的时候，1 号神经元集群亮了；当你读 B 的时候，2 号神经元集群亮了；当你想要回忆 A 的时候，大脑就会想办法唤醒 1 号神经元集群，回放当时 1 号神经元集群的状态，让它跟上次一样亮。

说一个人的记忆力好，不是说其脑容量特别大，而是说他每次想要回忆一个问题的时候，都能迅速地让那个神经元集群亮起来。

但是大脑里有 160 亿个神经元，你每天遇到那么多事情，就意味着你的大脑需要调起的神经元集群非常多，时不时地闪现一个内容。

如果你每天被信息冲刷过多，也就是接受了太多的信息，不够专心，那么你的优先记忆带宽就会被挤占。你的大脑本来每天只能记忆 100 件事，但是很多杂事把这个名额挤占了，当你真正想记忆东西的时候，大脑里就没有空地方了。

换句话说，出问题的并不是你的记忆力，而是你的注意力，你的信息圈太复杂了。

第二，知识归纳体系出了问题，知识完全没有任何体系，总是依赖人肉记忆，大脑的负担就会很重。

例如，如果屋子里非常杂乱，你找东西当然就很费劲了。但是如果屋子里非常整齐，所有的文件和书都按照编码整理好了，那么当你再去找东西的时候，当然就很容易了。

你不需要把这个屋子里的1 000件东西全都记住放在哪里了，然后挨个去找。你只需要知道，袜子都在衣柜里，电脑配件都在书桌上，书都在书架上，它们按照首字母排列。按照这个规则，你就能够快速地找到自己想要的东西。

就拿前面讲过的那个考研政治的例子来说，如果马克思主义基本原理有100多个知识点，那么你记忆起来显然要花很多的精力。

但是如果你意识到它只有四个板块：一个板块讲物质世界，一个板块讲物质世界各元素的共同规律，一个板块讲如何根据前两个规律认识世界和改造世界，一个板块讲人类社会历史发展的内在规律。然后根据这四个板块不断地深入归纳、总结、记忆，记忆的难度就会小得多。

甚至你在考试的时候，也不必太依赖灵感和记忆力。当你做一个题目时，可以把四个板块的知识快速过一遍，挨个比对哪个合适，而不是在一大堆知识点里靠灵光一闪，回忆哪个更合适。这样做之后，你的答题效果就会大大提升。

第三，很多同学的学习习惯和生活习惯出了问题，所以记忆能力就会受到影响。

比如有的同学在学习的时候，根本就不加以思考，完全是机械式地复述书上的话，甚至连书上讲的是什么都不知道，就跟复读机一样，一遍一遍地读，当然不可能记住了。

有的同学喜欢熬夜学习，第二天一直昏昏沉沉的，当然记东西就会费劲了。

有的同学喜欢吃一些高油、高盐、高糖的食品,当他开始需要调用大量的精力、体力时,由于大脑缺乏能量和氧气的支持,自然就很难记住东西。

还有的同学根本就没有复习计划,3个月前记过一次单词,后来就一直在记新的单词,时间太长导致早期记过的单词全忘记了。没有定期进行复习,当然不可能记得住。

综上所述,要想提高记忆力,不仅要改变学习习惯,还要调整生活习惯。

第四,遗忘本身是正常的,遗忘是一种保护机制。

人的大脑不是记忆机器,学了会忘是非常正常的。所以,当你忘记东西的时候,不要自责,不要觉得自己很笨,不要觉得自己什么都学不会,而是应该想采取什么复习方式才能够起到加强记忆的作用。记忆对大脑来说毕竟是一个体力活。

遗忘甚至是一种保护机制。不然,如果你记住了太多的东西,你的大脑就会被各种乱七八糟的信息塞满,比如 10 年前摔的那一跤有多疼,3 年前挨的打有多疼,2 年前考砸的那次有多痛苦,你可能现在都忘不了。

所以说遗忘不可怕,遗忘是正常的。重要的是,你要不断地检测自己遗忘了什么,然后不断重复、不断修复知识记忆就够了。

02 净化信息环境,"专心"能大幅提高记忆力

提高记忆力的第二种方法,就是净化信息环境,不要让自己的信息环境当中出现各种无关紧要的杂音,不要让低质量的信息大量涌进来,也不要让复杂的社会关系挤占大脑带宽。

如果你真的想学习,我建议你做到:

尽可能不要谈一个特别磨人的恋爱，不要关注太多乱七八糟的自媒体，不要允许自己的社交圈里有特别多的负能量的人，甚至不要有太多的人，不要关注太多低质量的信息，太碎片化的信息最好也别看，甚至连那些特别洗脑的音乐也不要听。

简而言之，就是尽可能让你的信息环境更加简单。大脑的记忆能力和关注能力非常有限，而有些信息比较简单、情绪化、洗脑，它们会更容易占用大脑的资源，降低记忆的效率。

03 训练自己的记忆能力

提高记忆力的第三种方法，就是通过练习记忆来提高自己的记忆能力。

在日常生活当中，如果我们能有意识地去记忆一些比较难的、比较长的、比较复杂的信息，那么就能够大大提高记忆能力。

比如佛教中有一种修行——观想，就是集中心念想象一个东西，一开始只能看到一些画面，但是如果持续地去看那个东西，然后再想象，通过练习就会越想越真实，如在眼前。

练习记忆也是一样的。比如你可以背一些顺口溜，记忆一些车牌号或手机号，或者背一些诗词名句，这样既可以提高你的记忆力，又可以让你学到很多新的知识。

因为这会强迫大脑，在短时间内对一段复杂的信息进行粗加工，让神经元尽快联系起来。

你会发现自己越是训练，记忆能力就越强，记忆就会成为一种很自然的动作。

04 睡觉前或者起床后记忆

提高记忆力的第四种方法，就是在睡前 20 分钟或者起床后 1 个小时记忆东西。

因为在一天当中，所有的信息记忆都会受到这个时间点前后的信息干扰。

比如老师刚刚批评了你，你的记忆能力就会相对比较差，因为情绪低落。

比如你刚记忆完东西，就去刷抖音，抖音上的信息很快就把你刚记忆的东西冲掉了。

但是睡觉前和起床后的这一段时间不一样，你只会受到一个方向的信息影响，要么是刚休息完，要么是刚准备休息，大脑会更好地把知识记忆下来。

05 学习日记法、费曼学习法和知识框架法

提高记忆力的第五种方法是学习日记法、费曼学习法和知识框架法，就是在理解了知识的底层逻辑之后，将其归纳和总结成一个大的知识框架，记录到学习日记上，然后讲给别人听，这样会非常有效地提升你的记忆水平。

学习日记法、费曼学习法和知识框架法这三种方法前面已经讲过，这里不再赘述。

大家一定要记住，将这三种方法综合运用起来，远胜过现在市面上的一切学习方法。

06 保持良好的睡眠

提高记忆力的第六种方法,就是保持良好的睡眠。

前面我们说过,记忆需要神经元相互联系,而睡眠的一个重要功能就是清除大量冗余的神经元连接,减少不重要的信息对其他信息的干扰。

我们要保证每天有足够的睡眠,同时还要保证睡眠的质量,最好是有规律入睡。如果实在没有保证良好睡眠的能力,也可以睡个午觉。研究发现,哪怕午睡5分钟,也能起到提高记忆力的作用。

07 想尽办法多次重复

提高记忆力的第七种方法,就是在短时间内把一条信息多记几次。

比如我以前是这么记单词的,在工作日期间,每天记一遍新单词,再记一遍旧单词。到了周六和周日,我会再记一遍旧单词,完全不记新单词。这就相当于一套单词在一周内记了4次,记忆效果当然会好。

这比较好理解,唯一需要注意的是,你需要找到一种适合自己的策略,测试在多长时间之内记忆多少次能够提高记忆效果,最大限度地兼顾效率与效果。

很多同学在学习的过程中都会有急于求成的心态,但是我觉得这种心态不可取,因为不管你学得多么快、进度多么赶,如果前面学的东西都忘了,那么你的学习也就没有意义了,就像狗熊掰苞米。

与其总想快起来,还不如慢下来,效果反而更好,你的进步反而更加扎实。

其实说白了,就是古人说的"拳不离手,曲不离口"。你要想尽办法、变着花样理解和记忆知识，首先建立一个知识框架，然后记住不同的知识点处于框架的什么位置，以及各知识点之间有什么联系。

不断地把这些知识点拆散、重构、重复、再重复，直到有一天从任何一个点出发，你都能通过节点和逻辑的联系到达任何一个知识点，才算能够提取整个知识网络。

只有这样的记忆才有价值，才更长久，也更方便你进行考试和实践，充分发挥其价值。

第 12 章　高效读书：
重质又重量，建立私人知识库

很多朋友对读书都非常头疼，虽然知道读书非常重要，但是又存在以下困扰：

死活读不进去，翻了两页就想着要放弃，家里没有几本读完的书；

有畏难心理，喜欢看没难度的小说、畅销书，不爱看有难度的经典；

读完了很容易忘，读来读去好像也没记住什么有用的东西；

一直在买书，却从来不读书，用堆积如山的书来缓解知识焦虑。

这些问题很常见，我做"个人成长"博主这些年，发现除了少数意志力特别强的人，或者对知识特别感兴趣的人，很少有人能像他们嘴上说的那样热爱读书。

大家反而很容易被抖音、游戏这些东西吸走注意力和时间。喜欢打游戏、刷抖音本身没什么不对，但是这会让你的注意力越来越碎片化，让你越来越没有耐心，你接收到的知识也越来越缺乏结构和逻辑，你越来越没办法独立思考。久而久之，人和人之间的差距就会越来越大。

可以这样说，注意力能不能长期聚焦，能不能学习比较有难度的内容，能不能有结构地输入和输出，是判断一个人潜力的重要指标。

那么应该如何高效读书，如何爱上读书，用读书推动自己成长呢？

01 不是每一本书都值得读

想高效读书,大家要明白的第一件事,就是并非每一本书都值得读,你要有选择性地读。

"选择"的前提是"放弃"——不是别人推荐什么书你都要读,也不是拿到什么书都从第一页读到最后一页,更不是对每本书都平均用力。

应该怎么对书做取舍呢?

第一,我不反对阅读畅销书,因为一本书能够畅销,往往意味着它满足了读者的某种诉求。

但是大家一定要对畅销书保持警惕,要明确这本书是只在精神上按摩,还是在煽动情绪,抑或是真的给了你知识和启发。

很多畅销书没有任何实际价值,甚至连高超的故事叙述也不具备,读了也就是在浪费时间而已。

比如初中的时候,我也读过一些畅销的青春文学,当时觉得文笔太棒了,但是随着阅读品味的升级,就会发现这些书完全没有价值,不但无法带来知识和启发,甚至连让你开阔眼界、了解人类真实情感也做不到。

这种书,一定不要读。

第二,预先翻阅,在几分钟内都看不到价值的书,可以不读。

一本书拿到手上后快速翻阅一下,大体看看它讲了什么,以及它的主题、内容能不能给自己带来一些启发。

这其实是在说性价比,一本好书里面给你带来启发的东西应该随处可见。如果翻阅了几页,还是见不到特别好的内容,那么这种沙海捡金的工作就不划算了。

第三，超出自己能力水平太多的书，可以暂时不读。

如果一本书超出你的阅读能力太多，单靠决心是很难把它读完的，这需要你有大量的知识积累，循序渐进地阅读，不然就算读下去可能也会非常痛苦，还会打击你的自信心。关键是你也无法把这本书读完，反而得不偿失。

比如有一个读者，完全没有经济学相关知识，以前读书也不算很多，但是有一天，她在冲动之下买了很多经济学大师的著作回来。她发现书中很多都是各种图表、公式，就算是文字类的东西，也是字全认识，但是连成一句就读不懂是什么意思了。

阅读超出自己实际水平太多的书，当然精神可嘉，但是你真的很难读懂，也就不太可能学到东西。尽量做到对书上的知识有一定的了解和接受能力，能读懂的地方超过 80%，这样既能让你得到训练，又能让你学到新东西。

第四，娱乐的书要当娱乐来读，学习的书要当学习来读。

很多人以为读什么书都能带来进步，实际不是这样的。很多书要么比较浅显，要么没有太多的知识含量，不能给你带来思考，甚至连故事也编得不太完备，没有办法让你充分认识人性，也就完全不可能让你获得进步。

比如很多人喜欢读《故事会》《意林》《读者》这种纯故事类的杂志，其类似于文字版的抖音，短小易读，很多逻辑经不起推敲，不会让你成长。

有的书虽然是好书，但是其本身不会让你成长得太快，你必须要读够一定的数量，才会有比较微小的变化。

比如很多小说，虽然写得很好，文化内涵也很深刻，但是可能你读完之后不会有明显的收获，或者说没有实用层面的收获。

还有一种书是能够解决具体问题的，或者是某些大咖阶段性的经验总结，你读了之后会少走很多弯路，学到很多方法和知识。这种书可以给你带来很多启发，即使暂时用不上，也应该多读。

这三种书中，第一种书不要读，第二种书要少读，或者闲下来再读，第三种书要多读，而且要非常慎重地多读，因为这样的书能让你快速成长。

02 带着问题读书，学以致用

高效读书的第二个关键，就是带着问题读书。不要非得把一本书从头读到尾，你可以在有了问题之后，带着问题广泛读书，或者在某一本书、某一批书里查找答案。

比如要学习精力管理，你就去看睡眠方面的书，看精力管理方面的书，看饮食和运动方面的书。

比如要研究学习方法，你就去看心理学方面的书，看记忆方面的文章，看神经研究方面的文章。

比如要研究营销理论，你就完全可以跳过那些枯燥的名词解释和专家介绍，专门看营销书的核心内容就够了，如营销怎么做、都有哪些弯路，以及相关案例。

说白了，读书不要漫无目的，而是要先提出问题，然后带着问题去寻找答案。如果你把每一本书都从头读到尾，效率就太低了。

其实做到这一点也不难，你只需要打开目录，大体翻一翻，一般就能知道自己想要的知识在什么地方。

关键是你要在读书前明确自己的问题是什么，主动去相关网站上搜索关键词，看什么内容的书能够解决问题，然后尽可能多地买书或者借书，在短时间内集中看完，直接找到你需要的知识，而不是把每本书的每一页都看完。

03 结构化拆解一本书

高效读书的第三个关键，就是结构化拆解一本书。这是什么意思呢？就是我们可以根据目录，大体了解整本书分成了几个板块，以及各个板块之间的逻辑关系是什么。

大家可以借助目录，先厘清几个核心问题。

第一，哪里需要读，哪里不需要读。比如阅读时间管理的书，你就不需要读"为什么时间管理很重要"；阅读高效学习的书，你就不需要读"为什么高效学习很重要"；阅读提高睡眠质量的书，你就不需要读"为什么睡眠很重要"。所有人都知道其很重要，所以往往没必要读。

第二，本书有几个部分，分别讲了什么内容，这些内容的内在逻辑是什么。

还是以考研政治为例，比如《中国近现代史纲要》，它就分为八个板块，我们可以分析一下逻辑。

第一个板块，1840年鸦片战争以后，反抗外国侵略的斗争。

第二个板块，外国侵略了，我们就要找出路，分别有三股力量找出路——太平天国的农民运动、旧地主阶级的洋务运动、开明地主的维新运动。

第三个板块，这些运动都失败了，就得有新力量上台，以辛亥革命为代表的资产阶级推翻了封建统治。

第四个板块，辛亥革命还是不成功，就得有更新、更进步的力量上台，那就是新文化运动和"五四运动"，中国共产党也是在这个阶段成立的。

第五个板块，中国共产党成立之后都做了什么，当然是探索革命道路了，比如土地革命、长征等。

第六个板块，这时候抗日战争爆发了，形成了两个战场，还有抗战历史。

第七个板块，抗日战争胜利了，就该打解放战争了。这一部分讲的就是解放战争，怎么打自卫战争，怎么跟民主党派合作，怎么搞土改，怎么打三大战役。

第八个板块，解放战争胜利了，建立了新中国，那就是如何建立一个新国家。

大家看看，这八个板块的逻辑非常清晰明了。实际上就是 A 带来了 B 问题，CDE 都试图解决 B 问题，但是失败了。而 F 一上来就解决成功了，但其面临 1234 困难，它是怎么解决的，全部成功后又进行了哪些探索。

这不是八句话，就把整本书的框架和底层逻辑全部拆解出来了吗？

当你从目录或者每个单元的概述当中拆解出这个核心框架之后，具体的信息和内容其实都是对这个框架的补充与佐证。此时，你就已经基本读透这本书了。

04 费曼学习法与关键词拓展，读书效率翻一倍

高效读书的第四个关键，就是通过费曼学习法和关键词拓展的结合，对整本书进行复述。

很多读者问过我：为什么书读过之后，很多东西都没记住，该怎么办？

我说："这不是很正常吗？你又不是复读机，十几万字的内容，怎么可能全部记住呢？

"何况你只读了一遍书，记不住是正常的，记得住才是不正常的。"

人的大脑天生不擅长记忆，因为人类记住那么多东西是没有意义的，只记住少量关键信息就可以了。

那人类大脑是为什么而生的呢？它是为思考而生的。如果你不能把思考和记忆结合起来，那么只能靠花大量的时间和精力进行机械的重复，年纪越大，效果越差。

很多人会推荐一些看起来很神奇的记忆方法，甚至有一些方法还上过各类记忆大赛，比如记忆宫殿法、图像记忆法、故事记忆法、场景记忆法等。

这些方法不是没有用，而是只对短期记忆有用，比较适合比赛和展示。但是对于日常学习和考试需要的长期记忆，这些记忆方法就没有那么好的效果了。

就拿场景记忆法来说，需要你把知识点想象成一幅画面，把不同的元素都想象进去。但是这样的方法并不经济实惠，因为整个考试涉及的知识点可能有几百上千个，就是一本书上的知识点也有上百个，一年读几十本书也能遇到几千个知识点，这种方法显然太麻烦了。

因此，我们可以把费曼学习法和关键词拓展方法结合起来使用。

费曼学习法前面讲过了，就是把学过的知识讲给别人听，加深自己的记忆和理解。

关键词拓展方法，就是在每个关键的知识位置，用一个关键词把它记录下来。使用费曼学习法的时候，复述一本书或者复述一个单元可能有难度，但是你可以把关键词当成一张地图，借助关键词来复述整本书。

为什么会有这种方法呢？我看过不少同学的读书笔记和听课笔记，记得过于详细，甚至还专门画了一张特别漂亮的思维导图，这就导致他们花在额外工作上的时间太多，却没有真正理解书中的内容，甚至没有时间看自己的笔记。

比如读书，我们讲了四个部分，按照关键词可以记录成：不是每一本书都值得读、带着问题读书、结构化拆解一本书、费曼学习法与关键词拓展。

在每个关键词的下面可能有三五个小条目，比如"不是每一本书都值得读"这一部分，关键词就可以是——"不读哪些书"：垃圾书、随手翻阅看不到价值的书、太难的书、娱乐的书。

当你进行复述的时候，就可以这样说：

并不是每一本书都值得读，阅读是一个选择和放弃的过程，那么哪几种书不值得读呢？太垃圾、没有启发的书不读，因为我的时间很宝贵；随手翻了几分钟看不到价值的书不需要读，翻了几页都看不到价值，说明其含金量太低；太难的超出自己现有水平的书不需要读，因为读了也吸收不了，纯粹是浪费时间；想清楚读书是为了娱乐还是为了学习，不要在娱乐的书上花太多的时间。

这几个关键词，其实就把这一部分内容归纳清楚了。当你温习这本书的时候，书里讲的内容一目了然，就不需要再把书全看一遍了。

05 给阅读困难症患者的一些建议

很多朋友都有阅读困难症,或者虽然想读书,但是根本读不进去;或者读了,但是一点儿也记不住。这里给大家一些建议。

第一,慢下来并不可怕。

很多朋友读书一心求快,因为看别人动不动就一年读 100 本书,而自己读一本书都要花一个月,太焦虑了。

读书本质上是一种信息提取和接收的方式,你需要习惯和锻炼使用这种方式。比如你读了 10 年的书,当然会阅读很快;而如果你 10 年没有读书,刚开始读时当然会感觉很慢,很难适应,这是很合理、很常见的。

所以你可以慢下来,不需要焦虑。

第二,每读完一页、一个单元,你可以停下来回顾书上讲了什么。

我们的大脑天然排斥这种方法,尤其是在读一些非常流畅的内容时,因为中断阅读会让你很不舒服,但你恰恰需要这么做。

阅读越快、越流畅,你就越不容易记住这部分内容。大家可以想想喝水,如果你喝得太快就什么感觉都没有,但如果慢下来,就容易感受到水的甘甜。

读书也是一样的,快速地读下去,大脑不会意识到这个内容很重要,也不会让神经元之间建立联系,你也来不及进行思考和总结。

单纯读书快是没有用的,只有完全吃透才有价值,知识才能属于你。

第三,每个月起码花 100 元去书店买书。

很多朋友问我要书单,我说:"我推荐的书单不一定适合你,因为我们的知识水平和阅读能力可能有差别，我们要解决的问题可能不同，我们的生活阅历可能也有很大的不同，我觉得好的书未必适合你，你觉得好的书也未必适合我。"

我反倒建议大家，每个月去两三次书店，把看起来不错的书都翻一翻，看看有没有感兴趣的，每个月固定花 100 元买书。

只有将书拿到手里，你才知道对自己有没有帮助、自己有没有兴趣。

可能有朋友会纠结，书买回来读不完怎么办？其实没必要纠结，因为对于大多数人来说，一个月花 100 元买书都不算太大的开销。

一本书不放在手边，你就永远不可能读，而放在手边，你早晚有机会翻一翻，那可能就是你遇到知识的开始。

第 13 章　自学宝典：
在短时间内，快速掌握一个新领域

我们来讨论一个比较实用的话题，如何通过自学快速掌握一个新的领域。

小白使用本章中介绍的方法，完全可以通过几十个小时的自学，对一个新领域的基本情况有全盘了解，能够在这个领域成为水平比较高的初学者。

即使进行考试，也能考六七十分，对这个领域掌握得七七八八，成为一个准高手。

相信这部分内容，对大家拓展知识面、培养兴趣、成为一个跨领域的通才有很重要的帮助。

那么，我们应该怎么做，才能在短时间内快速掌握一个新领域的知识呢？

01　赋予学习意义，想清楚为什么学

第一种方法是赋予学习意义，想清楚为什么学。

不知道大家有没有看过《人类简史》这本书，书中说现代人，也就是智人，之所以能够在进化竞争中胜出，一个很重要的原因就是智人会讲故事，会因为一个共同的信念而奋斗。

不信你看，自古以来流传比较久远的一些道理，都是搭配故事传播的。

这和快速学习有关系吗？当然有关系。你要赋予学习目标一个想象，或者一个意义，或者是未完成的一个故事。

很多人的学习动力之所以那么强，是因为：

有的人告诉自己，"我们家太穷，老被邻居和亲戚欺负，我要考上名校，改变家庭的命运。"

有的人告诉自己，"别人都看不起我，我就要默默学习，总有一天我要一鸣惊人。"

有的人告诉自己，"我的人生太失败了，我要努力学习，来证明我不是一个失败者。"

还有的人告诉自己，"我特别喜欢那个男生/女生，我一定要努力学习，将来和他/她去同一所学校。"

大家发现了没有？实际上就是给学习这个行为赋予意义——一个"必须要做"的故事，至于这个故事是否合理其实并不重要。

考上名牌大学，你们家就不被欺负了吗？你学会了一种乐器，同事就高看你一眼了吗？你跟喜欢的人去同一所大学，你们就能在一起吗？……

当然不是，但你是在用一个故事来强化自己的情感，让自己不用思考，就可以像永动机一样学习。

说白了，就是洗脑，自己给自己洗脑，找到生活里最渴望的那一个点——可以是改变家庭的命运，可以是证明自己的优秀，可以是回击那些说你不行的亲戚，然后反复向自己讲这个故事，把这个故事与自己最强大的欲望和本能联系在一起。

这里有几个关键：

第一，你想学的这些东西，是你有强烈兴趣的，而不是你觉得学学也挺好，或者别人都在学，于是你也想要学的。

比如别人都在学画画，你觉得这东西挺好，自己也想学学，但是你就是随便说说。随便说说，就意味着缺乏驱动力。

大多数人都完全低估了学习新东西的难度，你要在一开始就反复问自己到底有多想学。如果不是特别想学，或者只是有一点儿想学，或者一般想学，那还是算了。

第二，你学的这些东西最好有特别实际的作用，能够帮助解决迫切的问题。

我一直在强调，知识是要拿来用的，是要进行实践的，如果知识学了之后完全没用，那么就没必要学。

第三，最好两头不靠。

既不要追求一下子特别精通，因为但凡是大神，都需要花海量的时间打磨，也不要对自己要求太低，因为你起码要达到 60~80 分，才算快速掌握。

02 先升维，再降维

这里讲讲第二种方法，先升维，再降维。

当你准备学习一个新领域的知识时，不要像小学生一样，从最基础的知识学起，而是可以直接上难度。

很多人觉得循序渐进更有效，但是那样太慢了，效果也不好。

选择一个比你现在的能力高一两个数量级的水平，直接挑战超出自己实际能力的水平。这一点可能极其反常识，但反而更符合现实规律。

比如学习英语沟通，很多人进入英语环境中慢慢就学会了，也不需要记单词、刷题，效果反而更好。

比如你想学吉他，那就不要先从乐理开始学，而是直接学习弹一首曲子。我学吉他的时候就是这样的，老师上来就教我《天空之城》《童年》之类的曲子，而不是学习基础乐理。

有一个著名的赛车手，叫戴维·海涅迈尔·汉森。他早年间是一个著名的程序员，还是一家创业公司的 CTO，还写过一本叫《重来》的畅销书。

后来他想要当专业赛车手，但这时候年纪很大了，工作又比较紧张，所以他就用了这种方法。

赛车是一个循序渐进的过程，一般的赛车手都是先在一级赛事里拿到前几名，才会去下一级赛事里挑战升级。

但是戴维不这么干，他刚刚勉强拿到升级资格，就直接去升级，成长格外迅速，很快就超过上一个级别里比自己强的那些选手了。

这可能和大多数人的想法不一样。实际上，如果像小学生一样在新领域里慢慢学习，则可能一辈子也学不了多少东西。

对于成年人来说，很多基础理论一看就懂，一练就会，没必要花太多的时间。

有一位很有名的教方法论的老师，他提出了"关键 20 小时"理论。大多数东西都没有我们想象的那么难，只要花 20 小时就够了，他就靠这种方法掌握了围棋、吉他、冲浪等。

简单来说，就是先强力攻克最难的阶段，只要拿下最难的部分，后面就是水磨工夫，慢慢磨就行了。所以需要先升维，再降维。

当然，你要记住，这种方法是让你学会，而不是学精。

03 "日行三十公里",不要打断学习链条

第三种方法是"日行三十公里",不要大起大落,每天保持稳定的输入和输出。

大家可以思考一个问题:这些年来,自己的flag(目标)都是怎么倒下去的?

- 第一大原因,忘了,今天立了一个flag,明天就把这事给忘了。
- 第二大原因,搞猛了,一下子产生了逆反心理或者厌倦心理,想着明天不搞了。

成年人学习,越是想要快起来,就越是要避免大起大落,需要保持稳定的输入和输出。

这里给大家讲一个故事,就是著名的"日行三十公里"的故事。

1911年10月,挪威探险家阿蒙森和俄罗斯探险家斯科特同时瞄准了南极点,都想要成为第一个登上南极点的人。

他们同时出发,但结果是云泥之别。

阿蒙森一直坚持持续推进的原则,不管天气好坏,每日的行程控制在24~32公里。

斯科特则完全相反,在天气好的时候让队员全力赶路,在天气不好的时候,就躲在帐篷里抱怨天气。

最终阿蒙森成功登上了南极点,而斯科特和探险队的5名队员则不幸全部遇难。

要实现一个宏伟的目标,不能三天打鸡血,五天晒渔网,而是要每天都保持稳定的输入和输出。

比如读书,我手里有一本大部头的书,1 200页,如果按以前的脾气,

我可能根本就读不完。

但是现在，我规定自己每天就读 30 页，多了不读，少了也不行，其实换算下来 40 天也就读完了，还不到一个半月。

当然，这种微小的努力，每天也要保持输出，因为时间越长，就越容易失败。

这就需要你在精力最旺盛的时候来做这件事情。早上，你的意志力比较强，精力比较旺盛，可以做；而晚上，你忙了一天，很难坚持，大概率就算了。

同时，你要在小便笺本上记下来自己的目标，隔三岔五地拿出来看看。

你也可以拿一个日历，在上面画钩，凡是完成任务的那一天都画一个钩，并尽可能让这些钩连起来。即使有一天钩断了，你也不要自暴自弃，或者太责怪自己，而是再继续做起来，让剩下的钩连起来。

04 马上用起来，或者进行输出

第四种方法是把你学到的知识作为一个封装产品，对外输出。

这是什么意思呢？就是运用我们前面讲过的费曼学习法，你学到一个知识后马上就用起来，或者把学到的知识写成文章、拍成视频发布出去（这就叫封装产品）。

为什么有些人明明学了很多知识，但是依然没有改变自己的命运，生活也没有丝毫改变呢？因为其始终没有学以致用，天长日久没有反馈，于是渐渐把这些知识给忘了。

知名网络公司 Airbnb 的创始人布莱恩·切斯基，就有一个很好的习惯——学到知识或者有好的经验，就立即用起来，一刻也不耽误。这样就推动了知识在大脑中固化，知识在用了三次之后，就成了自己的。

如果你一时间用不上学到的知识，那么最好通过写作把它们写出来。

例如，我就把自己学到的知识和方法马上写进公众号或者微博（在两个平台上均为"进击的阿秀"），这样既能把知识留存下来（就算哪天忘掉了，也可以通过关键词在账号中查找），又能把知识传播给更多的人（这种习惯让"进击的阿秀"这个 IP 在全网积累了 300 多万粉丝，极大地扩大了我的影响力），同时还能靠知识赚钱，这不是一举多得吗？

虽然人人都知道学以致用，但是很多人在这方面做得很差，比如学了英语不敢说，学了中文不敢写，学了乐器不敢弹。

其实很多人都身怀绝技，只不过不敢表现出来，或者不好意思应用起来，天长日久就生疏了，白白学了很多东西，也没有改变自己的生活。

第14章　神奇笔记：
向高手偷师，阿秀私享学习"大杀器"

本章中，我们讲一种高效笔记法，就是康奈尔笔记法。当然，我对这种方法进行了升级改造，加上了错题本策略。我管它叫"神奇笔记法"。

前面我们分别讲了如何制定目标、制订计划，如何高效记忆、拆分知识框架，以及费曼技巧等，这里回到一种更加本质的方法上，充分实现学习效果的提升。

这也是具体学习策略阶段的收官之战，再往后就要讲战略问题了，如"学渣"的学习策略，高效复习，高考、考研，以及各种成人考试、职场学习的战略方向。

康奈尔笔记法，是美国康奈尔大学的一位教授在20世纪60年代开发的一项技术。在学习效果上，它已经被推进到比较极致的地位。它包含了对微观知识学习的记录、复习、检测三个环节，而且还能和错题本完美地结合，从而产生巨大的学习效果。

学会康奈尔笔记法，就意味着你已经把水烧到99℃，至于最后能不能沸腾，就看你的执行情况了。

那么，到底什么是康奈尔笔记法，如何操作康奈尔笔记法，如何把康奈尔笔记法和错题本结合起来，成为神奇笔记法呢？

01 康奈尔笔记法：史上最高效的笔记方法

康奈尔笔记法的形式非常简单，就是把笔记本的一页分成三栏，如下是示意图。

康奈尔笔记法（课程名称/上课题目/书籍名称/主题+日期）

笔记内容	
提纲（提炼要点/重点、关键词、简短标语、关键概念、联想到的相关问题）	1. 记录重点 2. 保持简洁（专注于关键词和关键语句） 3. 记录中心思想（观点、主旨、主要思想） 4. 隔行（开始下一个题目时） 5. 记下疑问（不清楚的问题） 6. 可用荧光笔画出笔记重点
总结	
1. 没有搞懂的知识点，及时请教老师 2. 用自己的语言组织概括文章的中心思想 3. 转化知识点，变成自己的东西	

大家可以看到，右上一栏是主体部分，主要作用是概括，大部分内容都记在这一栏；

左上一栏是副栏，主要是提纲，主要作用是在听完课或者读完书之后，把知识概括一下，使用关键词进行提炼。

底部一栏，可以叫思考栏或者总结栏。当你做完上面两栏之后，思考自己究竟学到了什么，然后把总结以及没有搞清楚的内容写到这一栏。

当然，在做完这三件事情之后，你还要定期去翻阅、背诵、复习。

大家看到了没有，康奈尔笔记法实际上包含了四个步骤：第一步是记录，第二步是提炼简化，第三步是思考和记忆，第四步是复习。每一个知识点，你都这么反复折腾四遍，你的认知必然会更深刻，你的记忆必然会更牢固。

其实这个原理很简单，简单到可能会让很多人觉得多此一举，觉得非常麻烦。

实际上，这就是我们前面说的，要想形成长期记忆，就要让你的神经元相互连接。但是遗忘的作用也很强大，即使神经元偶尔连接上了，连接也会慢慢地消失。

如果你想要加固这个连接，那么存储、思考、联想、记忆每一步都不能缺。康奈尔笔记法就像一个清单，你要按照这个清单从头到尾反复练习，做到不重不漏。

这就把我们前面讲过的几种方法融会贯通了。

康奈尔笔记法不仅非常适合学生使用，还非常适合职场人的学习。这种方法可以总结出模板化的要点，同时可以用关键词进行串联。

大家要知道，各科目考试的阅卷，基本上都是通过判断要点和关键词来决定是否给分的。

而职场人的日常学习，往往利用的都是业余时间，时间间隔比较长，康奈尔笔记法不仅可以帮助他们有效记忆，而且还能够充当提示本的作用，使其快速回忆起上一次学习的成果。

02 使用康奈尔笔记法复习

大家都知道，我们现在面临的考试主要有两大类，其中第一大类是及格制的考试，如英语四六级考试、驾照考试等，只要达到一定的分数就能够过关。你无非就是研究考试对自己有什么要求，达到最低分数自己需要做到什么也就够了。

真正困难的是第二大类——竞争性考试，如考研、考公、考编、职业资格考试等。这类考试往往对通过的人数有限制，这就意味着你不仅要及格，还要超过其他人。

我有一个北大的同学，她就使用了康奈尔笔记法。她有一个超大的笔记本，每一页都记录了一大堆知识点的关键词，她会随时随地拿出来翻看，而且会盖上原文向自己提问，让自己复述。如果自己复述不出来，或者卡顿，就赶紧看书、看笔记。

其实这是对自己的一种超高要求，随时随地把知识呈现在脑海里。你只会做题不行，只懂得知识点也不够，还要达到化境，把学到的每一点知识都融合到自己的体系当中。

这里有三个关键，大家一定要记住。任何好的学习方法，本质上都是通过简化、思考、记忆、复习检测来提升你对知识的掌握水平，对知识进行查缺补漏的。

第一，不要以任何形式欺骗自己。有的人在复习的时候，可能会反复看原文，只要达到点一下就透的地步，就认为自己已经熟练掌握了。

你不要看着原文进行复习，而是要盖上原文向自己提问。因为如果看着原文回忆，你就会觉得什么东西都好像很熟悉，就会自然而然地略过去。

做错了题也是一样的，很多人感觉这次会了，但是下次遇到这样的题还是干瞪眼。这是因为第一次纠错的时候，你就似懂非懂，只不过是在材料的提示下回忆起来的，时间一长，你就忘了正确答案和解题思路，当然也就做不对了。

第二，一定要重复、重复、再重复，千万不要觉得自己已经掌握得很好了，因为对于绝大多数竞争性考试来说，你永远想不到别人会有多强。

这里不是在给大家增加焦虑，而是说现在的竞争形势非常严峻，如果你不达到特别高的水平，就没有办法竞争过别人。

我是 2014 年考研的，当时全国考研人数有 170 余万，2022 年就已经达到 457 万了。国考也是一样的内卷，2022 年的国考数据显示，200 多万人里才招 3 万多人，招录比是 68∶1。

2014 年考研的时候，我认为自己考得已经算很不错的了，但是和北京大学经济学院以及清华大学五道口金融学院的同学相比，我就是妥妥的"学渣"。我们这个专业考 380 分就有机会被录取，但是经济专业考 410 分都不一定能进复试，因为竞争的人多，再加上有些人考了很多年，水平确实很高，自然就把分数线拉高了。

所以对于考试，大家怎么重视都不为过。实际上，绝大多数准备得很好的同学，恰恰是那些不厌其烦的人；而那些一瓶子不满的同学，反而总觉得自己准备得很好，不需要再复习了。

第三，一定要重视错误、失误、遗忘反映出来的问题。在日常测试中，不要太把分数和正确率当回事儿，而是要认真研究其背后反映出来的问题。

你到底是基础知识没掌握好，导致做错了题？还是没有吃透出题人的意图，导致理解错了题？抑或是日常的训练不够，没有形成肌肉记忆，总是出现一些因为马虎做错的题？……

你要不厌其烦地把这些错题，尤其是那些特别有代表性的题目，都整理到笔记本上，对题目进行拆分、总结、复习，深入研究错误背后的原因。

那么应该如何使用康奈尔笔记法突破自己的薄弱环节呢？

03 建立错题本，让康奈尔笔记变成神奇笔记

前面讲过，如果叠加了错题本技术，建立起一整套记忆知识、解决错题、自我训练的过程，康奈尔笔记就变成了神奇笔记。

很多同学对所有的错题一视同仁，只要错了就搬上错题本，结果发现错题本越积越多——要么是没时间看，要么是在积攒错题上花了太多的时间，要么是积累的错题本太多，完全看不过来，要么是即便看了也没有太大的效果。

那么应该如何建立错题本呢？下面分三点来讲。

第一，什么样的题目应该上错题本？

- 一是真题类的错题。真题就是正式考试中的题，从知识点的角度来讲，真题涉及的知识点是考试大纲的重中之重。这一类错题是必须整理的。
- 二是常做常错的题。因为"常错"，就意味着你对这个知识点的掌握有重大疏漏，所以必须整理出来经常复习。
- 三是典型题。也就是会做这一种题，你就能做对一个大类的题。反而是很多偏难、偏怪的题，就没必要整理了。
- 四是吃不透的题。有些题看起来好像懂了，但是过一段时间又遇到，你发现只有似是而非的感觉，这种题就必须整理出来。

第二，面对错题，你要马上梳理出没有做对的原因。

- 第一种可能，你没有把知识掌握全、掌握透。比如该背诵的要点没有背全，该记住的公式没有记住。这就没有特别好的解决办法，你只能重新来一遍，把基础知识吃透。
- 第二种可能，因为练习的量比较少，或者专注力不够，造成了

所谓的"马虎"。这就需要你结合前面讲的专注的内容，以及海量练习的内容，尽可能养成做题的肌肉记忆。总而言之，千万不要把马虎当成偶然的一次错误，而是要当成必然错误的一次偶然展现。

以上两种都是比较常见的原因，只能慢工出细活，一点一点地攻克。

- 第三种可能，因为负面情绪而导致考试失败，比如紧张、压力大等。我从小到大都没有特别紧张过，因为我比较擅长调整情绪，更何况一门考试一定有简单的题目，也有比较难的题目。如果压力大，就先从简单的题目入手，从简单的题目上找到信心，反正题难，我难别人也难。

但是说实话，大多数同学有这种负面情绪，多半还是因为准备得不够好。如果每道题都会做，每道题都在你总结的模板里，每次考试都有全力以赴的心态，你还有什么可害怕的呢？所以还是要把时间花在日常准备上，每次考试都要郑重其事，假想自己就是在正式的考场上。

第三，如何把错题和康奈尔笔记结合起来，成为你的神奇笔记本？

我们可以在精心选择的前提下，把错题和解题过程写在右上的主栏；把涉及的知识点或者解题的关键，以关键词的形式写在左上的副栏；把为什么做错了这道题，以及是怎么补救的写在底部的总结栏。

每周都把本周的错题本和相关的知识点拿出来复习，其重要性甚至高于做新的题目。

这样做可能很多人会觉得烦，觉得没有用。但是大家可以想一想，如果不把错题放在一个比较高的高度，在正式考试的时候，再考你做过的题目，你以前得多少分，现在还得多少分，那么日常训练有什么意义呢？

何况这些错题就代表了你的知识疏漏。刻意练习是成功的根本，那刻意练习练的是什么呢？就是错题。

其实在绝大多数考试中，如果你想出类拔萃，那么就必须把日常训练搞成机械训练，重要的不是攻克 20%左右的中高难度题目，而是先把 80%左右的基础题目攻克。

《道德经》里说"天下难事必作于易，天下大事必作于细"，就是这个意思。

我越来越发现，人有一种战略性资源，就是别人都觉得麻烦，而你不觉得。虽然天赋、资源、能力这些都很重要，但是从某种角度来说，不厌其烦才是最重要的一种特质。

我之所以对神奇笔记这么有信心，甚至把它推到了具体学习策略的压轴位置，就是因为它代表了刻意练习，能够从耐心和细心的维度把自己和一般的同学区分开来。

大家一定要记住这句话：不厌其烦，就是普通人制胜的关键所在。

第 15 章　高效复习：
　　　争取以最短时间，让考试成绩三级跳

很多人都特别头疼的一个问题就是"如何高效复习"。不管是期末考试，还是高考、考研、考编，抑或是职场人的日常学习，实际上都是把过去学习的知识夯实打牢。复习，是精益求精的关键。

复习就是阶段性地回顾自己学过的知识，再一次全面回看知识和题目，防止时间太长发生了遗忘。

不管是什么性质的考试，我都建议你在考前起码进行三轮复习。第一轮复习是夯实基础，第二轮复习是巩固提高，第三轮复习是在前两者的基础上进一步拔尖。

在高考之前，学生可能要面临三轮复习。在考研或考公之前，如果自己制订计划，也起码要复习三轮。当年我把所有的题目来来回回做了 11 遍，英语单词记了 50 遍，前期可能慢一点，后期会越来越快，因为已经反复练习过几次，所以越往后复习就越轻松、越容易。

复习的形式其实也很简单，就是本着高效、不遗漏的宗旨，把自己不会的、做不对的、没搞懂的知识全部筛查出来，防止在正式考试的时候，短兵相接而全无准备。

那应该怎么复习呢？

01 复习的次数与间隔

高效复习的第一个关键是复习的次数越多越好，间隔时间越短越好。如果你能在一段时间里多次复习、高频复习、短间隔复习，学习效果就会好得多。

什么是多次复习呢？比如记英语单词，一本单词书记 1 遍，肯定不如记 20 遍效果好。

这个很好理解，当你的记忆力和天赋不够好的时候，只有多次复习才能够拯救你。

什么是高频复习呢？比如一本书的内容，你只是系统性地看了 3 遍，因为时间有限，你没有能力把整本书多看几遍，那么就不如把内容简化提炼，放到神奇笔记本上，时不时地拿出来复习，复习次数越多，效果越好。而不一定非要把它放在整个复习系统里，从第一个单元看到最后一个单元，这样效率低且无用。

什么是短间隔复习呢？当然不是说学完了马上就复习，这样肯定没有效果。而是学完一两天复习一次，过三四天再复习一次，过一两周再复习一次，不断逼迫自己"回忆"知识，这样效果就会好得多。

比如你可以这样记单词：第一次记新单词，就要把单词来回记 2 遍，第一遍是中英文结合着记；第二遍是盖上中文，记英文的时候回忆中文，想不起来时再看中文。第二天，把昨天记过的单词重新记一遍。到了周六和周日，分别把这一周的单词记 2 遍。这就相当于在一周之内，把一个单词记了 5 遍。

大家一定要注意，千万不要间隔太久，否则就像前面说的，记忆神经元本来都连接在一起了，时间一久又会逐渐断开，效果就会差很多。

02 复习的内容和形式

高效复习的第二个关键是复习的内容和形式,也就是复习什么和怎么复习。

第一,要回归到基础知识,优先回归到课本,结合知识框架和费曼学习法进行复习,保证对基础知识点的记忆。

尤其是在最开始的阶段,你要落脚到课本,根据关键词对知识框架进行回顾,尝试用费曼学习法复述书上的内容,重复、重复、再重复,梳理自己掌握得还不够好的内容。

第二,要保持大量的课后作业和日常习题、真题的练习。

在这个阶段,要保证刷题的数量。因为掌握知识只是一个方面,重要的是在掌握的基础上灵活运用,根据实际情况提升自己的手感,同时防止你虽然心里懂,但实际上还不会运用的情况。

尤其在最后复习阶段,要注意对真题的研究和练习。因为往年的真题是最接近正式考试的题目,练习和研究真题在一定程度上就是模拟考试。

第三,要结合神奇笔记本技术,加大对错题、日常学习的思考和总结。

我之所以推荐神奇笔记本技术,因为它就是为复习而生的。你可以按照我之前讲过的原则,对典型题、真题、常做常错题、总是吃不透的题进行总结和回顾。

通过关键词复述,以及盖住答案,对老题进行回想、重做的方式,检验自己的知识,解决做题中遇到的问题。

很多人认为做题需要"灵感",所有的思路都是神来一笔。其实根本不是，这种灵感式解题只是低水平的，更高级的解题能力是在海量练习的情况下，反复练习所有的题型，总结出常见的套路和固定的模板。

在这个过程中，大家一定要根据自己的实际情况来制订学习计划。后面我会讲到，如果你是"学渣"，那么就优先保证最核心的基础题目不能出错，完全放弃高难度的题目；如果你处于中等水平，那么就在掌握基础知识的前提下进行海量练习，保证80%的基础题目不会错，然后尝试攻克比较难的题目；如果你是优等生，那么就需要追求百尺竿头，更进一步，要在保证基础练习的情况下，多做一些有难度的题目。

因此，你一定要明确自己的现状是什么，核心问题是什么，然后想办法更进一步。

同时，在使用神奇笔记本技术的时候，一定要注意对真题的分析，以及对题目标准答案的分析，尽量把答案的模板整理出来。

掌握了知识，并不代表你就能够很好地运用知识。一方面，你需要有效分析真题，分析最近几年的考试比较侧重什么方向和哪些知识点，分析在日常实践中经常需要应用什么知识；另一方面，你需要高效应用，把常见和常用的题型、模板汇总出来。

不管是考试还是日常练习，实际上你都是通过学习、训练、简化、优化来提高自己所熟悉的内容的。

这里再明确一点：可能有的老师会说，你要认真研究考试说明或者考试大纲。说这种话的老师可能有些不负责任，因为考试大纲巨厚，你根本没办法花时间研究。所以，与其研究考试说明或者考试大纲，不如在真题和日常练习上下功夫，直接进行总结。

第四，要结合学习日记，对自己在复习中出现的问题和拿不下来的知识点进行总结，主动寻找解决办法。

因为这个世界上没有任何一种计划、方法是一成不变的，也没有能够适用于所有人的方法，所以关键是要根据具体的情况、具体的目标对现实进行修改。

而且你要保持主动，主动地去解决具体问题，而不是等待问题自己解决，或者用一种统一的方法去解决所有的问题。

03 针对性复习：精准提高、成绩跳跃的关键

高效复习的第三个关键是要有针对性地复习，着重训练学习中能够快速提高成绩或者实战水平的部分。

这是什么意思呢？就是要明确衡量自己的学习现况，以及在竞争和实战中的具体段位。还有，对于在学习中出现的问题，要有针对性地进行训练，尤其是要着重训练能够大幅度提高成绩的部分。

很多人可能会觉得这样做太刻意了，给自己的压力太大了。

但是在我看来，大多数人的问题其实不在于目标感过强，给自己带来压力，而在于目标不清楚，导致在日常练习中没有掌控感，反而给自己带来巨大的焦虑。因为你始终不知道自己掌握得怎么样，今天好了就高兴，明天不好了就难受，这种过山车式的学习才让人真的难受。

你不如根据自己的上岸目标，对总体目标进行倒推，用 OKR 的方式制订复习计划。

假如你想上清华大学，那么高考总分就要在 680 分以上，倒推回来就是语文 130 分，数学 145 分，英语 140 分，文理综 270 分。你要根据总分数，倒推每个科目应该达到什么水平，拿到什么分数。

比如数学 145 分，就意味着后面的一道大题只能错一小问，而不能错太多。

我们可以继续拆分，通过研究试卷的卷面，分析哪些板块最容易提分，哪些板块基础知识掌握得不牢，哪些地方如何训练才能更进一步，从而有针对性地复习。

如何制订目标和计划，前面已经讲过了，这里再分享一些理念。

想要有针对性地复习，就要遵循从基础到顶尖、从普遍到特殊的学习顺序。

- 首先，基础知识要掌握好，题目训练量要足够。如果检测出哪个板块还有记忆疏漏，那么就集中攻克这个板块，让自己没有短板。
- 其次，通过海量练习，以及对专注力、学习习惯的培养，争取拿到80%的基础分。因为大多数同学的问题是基础分拿不全，而不是难题做不好。
- 最后，在80%的基础分都拿到的情况下，挑战有一定难度的题目，尤其是选择题的最后两道，以及最后两道大题的最后两问。

当然，更重要的是，你要明确自己到底有没有机会冲击这个水平，毕竟谁都有梦想，但能不能实现梦想还要看各方面的因素。

04 考前3个月，尤其要注意的3个关键点

考前3个月，可以被看作考试的冲刺阶段。这时候不仅要在知识上冲刺，高效复习，还要维护自己的备考心态，提高自己的专注力。

考前3个月，尤其要注意以下3个关键点，大家可以根据前面讲过的内容逐一改变。

第一个关键点，提高自己的专注力。

很多同学要么脑子里有特别多的杂念，要么做题和考试没有紧张感，学习和做题的速度都很慢。这一点经常被带到考场上。

这一方面是因为日常训练不够，周围的信息环境、社交环境复杂，他们没有全身心投入到学习当中；另一方面是因为习惯性地想太多，这可以通过冥想、运动和海量做题，不断给自己正向反馈来解决。

这部分内容前面已经讲过，这里不再赘述。

第二个关键点，管理好自己的心态，保持心态松紧适度。

有的同学因为过于紧张，考前准备不下去；有的同学因为过于乐观，就放松了准备；有的同学因为觉得自己偏科，就抓一放一，结果导致两个科目都凉了。

其实越是在这种时候，大家越要稳住心神，按照前面讲的技术和方法，稳定地进行突破，没必要太放松或者太紧张——如果你已经完整地将这些技术和方法进行了实践，那么就没有什么可担心的。

在这个阶段，不管你的基础是好还是差，3个月的准备都只能帮你更上一层楼，却很难有数量级的改变。

所以不管是成绩好还是成绩差的同学，都切忌自暴自弃，切忌不懂装懂，切忌过于急躁，千万不要忽略自己的能力水平来安排复习——"学渣"不必追求攻克难题，学霸也不要在简单的题目上浪费太多的时间，保证稳步向前即可。

重要的是，日常保持良好的状态，平稳前进，直到考完试。

第三个关键点，在保证均衡发展的情况下，向薄弱环节拿分。

很多同学都会有两种极端倾向，要么是在自己准备得好的地方花了大量的时间，不愿意去提高自己做得不好的地方，要么是在自己准备得不好的地方花了太多的时间，反而把优势科目带差了。

我的建议是要均衡发展，但是也要想办法向薄弱环节拿分，在保证优势的情况下提高薄弱环节。

这里有一个前提，就是你要清楚自己到底存在什么问题，从而明确使用什么方法。如果是基础知识有问题，那么就结合知识框架和费曼学习法，对整个知识结构进行梳理；如果是应用有问题，那么就利用神奇笔记法，先集中力量攻克真题、典型题、常错题，保证常见的不错，剩下的再说。

除了要对整体的学习情况做出综合研判，还要研究自己的日常失分部分，也就是弱势板块，想尽办法提升弱势板块的得分。比如语文作文不好，那么就抓紧时间背诵 10~20 篇范文，化用到考试当中；比如英语阅读不好，那么就在短时间内记忆常见单词；比如专业课名词解释不好，那么就抓紧时间背诵常见的名词解释。

总而言之，就是要有针对性地研究自己的薄弱环节，想办法提升这一部分的成绩和表现。具体如何提升成绩，下一章将详细解读。

第16章　考试拿分：
3条速成路径，创造考试奇迹

本章我们来讨论一个大家比较关心的话题：如果想考出好成绩，有没有机会速成。

当然有，不管是学生考试，还是职场人的日常学习，都有机会速成。

这可能与主流舆论不太相符——做什么事都应该慢慢来，快的就是不好的，快的就是不扎实的，速成的就是"割韭菜"……

实际上，根本不是这么回事儿。大多数时候，我们学习慢，不是因为基本功不扎实，而是因为在学习过程中浪费了大量的时间——要么是平均用力，要么是努力错了方向，要么是用错了方法。

这一方面是效率低，注意力涣散，导致学习效果很差；另一方面是根本不懂考试，所有的内容都从头学到尾，就是把书从第一页翻到最后一页，翻完了再重新来一遍，没有重点；还有一方面是对自己没有清晰的认知，比如，明明自己的基础很差，却一直在冲击比较难的题目，而忽略了对基础知识的学习。

大多数人都是这样学习的，所以效率低下。

下面分享如何学习和备考，才能在短时间内快速提高成绩。

01 出题者思维：考试怎么考，你就怎么学

第一种方法是出题者思维，就是考试怎么考，你就怎么学。

我先问大家一个问题：考试的目的是什么？

可能有人会说，考试的目的是选拔人才。那么问题来了，通过什么选拔人才呢？

通过检测考生对考试大纲内容的学习水平来选拔人才。

这里有两个值得关注的点：一是考试的内容一定都在考试大纲里；二是要想考高分，就要符合出题人的要求。

可能有人会说，这不是废话吗？

其实还真不是。在日常的学习和练习当中，可能会有很多内容并不是考查的重点，或者不是常考的内容，但是很多人会从头到尾，对所有的题目平均用力，这样就得不偿失了。他们根本不研究真题，自己想怎么准备就怎么准备，喜欢做的就花大量的时间，不喜欢做的就少花时间，根据自己的喜好而不是出题人的指引来进行准备。

所以平常一定要研究真题，因为只有知道怎么考，你才知道怎么学。

大家知道，出题人需要保证考试的连贯性——可以考查学生对不同知识的掌握程度，但不能给出完全相反的考查目标。如果是天上一脚、地上一脚，就意味着出题失败了。

我认识的北大和清华的学生几乎都非常重视真题，因为出题人所有的意图都明明白白地摆在真题上了。

你到底应该学什么、侧重什么知识、平时应该多练习什么题型，全都摆在真题上了。

你在做题的时候，可以习惯性地总结这道题想考什么知识点，然后对这类知识点尤其要重视。

还是那句话，知道考什么，才知道学什么。对很多一般机构出的测试题，会做就会做，不会做也不用太过于纠结，但是真题上说的每一个字，你都要万分慎重对待。

可以这么说，如果想要快速提高成绩，把近五年真题中考到的知识点吃透，那么你就能拿到一个看得过眼的分数了。

02 研究参考答案：让你的答案无限逼近"标准"

第二种方法是研究参考答案。

这是什么意思呢？就是一定要拿你的答案去跟参考答案对标，争取做到一模一样。

很多参考答案虽然名义上是"参考"，但其实就是标准答案。如果你的答案离这个标准答案很远，则是拿不了高分的。

很多同学虽然刷了很多题，但是他们只关注对错，纠结自己到底得了多少分。这实际上没什么意义，我们平常刷题的目的是训练，是发现自己的弱点，所以错了也没关系，只要猛攻这个薄弱点就可以了。

然而，很多人并不重视标准答案，经常是刷完题就完事了。实际上，在刷完题之后，在参考答案上，我们应该做如下三件事。

第一件事，研究自己的答案和标准答案的差距，然后按照标准答案的模式进行修改。

这是基本的步骤，看自己到底差在哪里，争取下一次能做到和标准答案一致。

千万别觉得这不可能,我在高考前做练习题时,经过一段时间的训练,答案写得跟标准答案基本上一模一样。

尤其是真题的答案,都有自己的回答逻辑、排列顺序、表达方式,我们需要做的就是通过对比自己的答案和真题的标准答案,研究差距在哪里。

第二件事,总结答案模板,争取做到和答案一模一样。

如果大家研究真题就会发现,虽然题的展现形式不太一样,但基本上就是那么几种题型,而同一种题型往往有一致的答案模板。当然,这需要你进行总结,并通过大量刷题来熟练地使用模板。

比如北大的一个师姐,当年她是中部某省的文科状元,我问她是怎么做文科大题的。

她说自己收集了多个省市最近十年的高考真题,总结出不同题型的答案模板,每次遇到相应的题型,往里面填充相应的知识点就可以了。

这里举一个简单的例子。比如在历史考试中,分析二战的影响,我们就要从政治、经济、军事、文化、社会的角度,从宏观到微观、从全球到国家进行分析。

其实对很多宏观层面的历史事件的影响分析,都可以从政治、经济、军事、文化、社会的角度来进行,然后根据不同的事件、题干进行调整就可以了。

比如在公务员考试中,申论写作的常见结构就是:是什么、为什么、怎么办。

你先用自己的话概括对这件事情的理解;然后讲讲这件事情的利弊,好处说几点,坏处说几点,以及为什么这么认为;最后讲讲如果想要更好,应该怎么办,给出你的建议,按照一、二、三、四的形式进行罗列。

第三件事,在完善答案模板的基础上进行总结,看不同的题型,哪些关键词和步骤是得分点。

一道题能得多少分,并不完全看你的结论对不对,因为往往一道题的分数会被分配给多个步骤,结论一般只占很小的比例。

一般来说,一道题能不能得分,要看在每个环节的回答里有没有关键词,或者关键步骤。所以你需要研究考试真题的标准答案,总结出哪些关键词、步骤是能够得分的。

举个例子,以前我觉得在高考语文中,诗词鉴赏题是很难的,我总是抓不到要领。后来我总结了很多真题的参考答案,发现诗词鉴赏题的答案往往是有套路的。

比如如何理解某句诗词,回答包括这么几个要点:先讲这句诗词的核心意象,简单地说说它代表什么,再讲用了什么样的修辞手法、表达手法来表达诗人的什么情绪,其更深层次的意思是什么。

这四个要点就是四个步骤,环环相套,每个步骤都有一定的分数。重要的是总结考试真题答案里出现的套路。

考试千差万别,大家一定要总结出考试真题参考答案的关键步骤和要点。

这个总结不一定要写出来,但是你应该做到心中有数,每一种题型应该答什么、怎么答。

很多题目,哪怕你不知道怎么做,但是按照这种题型的结构和步骤来回答,也是有机会得分的,这就需要你在日常学习中多多总结了。

03 试卷分析与刻意练习：针对性提升，让成绩三级跳

第三种方法是理性分析试卷，刻意练习，补足短板。

不管是在中学时期，还是在大学时期，抑或是进入职场，我们都会面临考试，或者做题，或者各种实践，以检验自己的学习情况，同时得到反馈来进一步优化自己的学习。

但是有些人刚考完试，就到处找同学对答案；考得不够理想，情绪就会非常低落；在发放成绩之前，心情会非常紧张、焦虑；考得不好，还喜欢到处找人谈心，让老师和同学避之不及。

说句不好听的，这样的学生是没有出息的，因为每临大事无静气，遇到一点小问题就被搞得心烦意乱，当然也就不可能干成什么大事了。

这个评价比较难听，但是非常客观。因为其格局太小了，没有大将风范，一次胜败算什么呢！遇到小小的挫折就被搞得如此紧张，如果遇到大风浪，那还不得吓出个好歹来。

考试和刷题的本意是什么？难道就是给你打分排名，或者告诉你，你很差吗？

当然不是。考试和刷题的目的是帮助你检验在日常学习中还有哪些知识掌握得不够牢固。

换句话说，考得差，没必要不开心，因为这是你进步的阶梯，你发现了自己学习当中的漏洞。在最终考试之前发现这些漏洞，其实是你的福气，毕竟这比上了考场才发现问题强多了。

所以从这个角度来说，我们要对已经做过的考试试卷进行分析，研究自己之前哪里学得不够好，进一步制定学习策略，对不够好的部分进行加强，对已经够好的部分可以稍加放松。

那么应该怎么进行分析呢？

首先，要对做过的试卷进行具体分析，找出具体的得分点和失分点，而不能泛泛而谈。

很多人分析试卷，都只会说：我可能紧张了，这个知识点我明明记得很牢，怎么考试时就忘了；太马虎了，本来我会的，但怎么就没做对；大家都考得不好，我没考好也没关系。

其实这些都是安慰自己的漂亮话，没什么用。

如果你想提升成绩，而不仅仅是心理按摩，那么就应该对试卷进行如下几个层面的分析。

一是在哪几个环节丢分要精准定位——是审题环节错了，解题环节错了，演算环节错了，还是答题中遗漏了关键知识点。

很多同学只看结果对错，但是对怎么错的、错在哪里完全不知道，也就不可能有针对性地提升。

二是这道题为什么错了——有可能是知识掌握得不到位。该题明明涉及四个知识点，但是你只知道前三个，因为在背题的时候，你就没背到第四个知识点，或者忘记了这个知识点，这些都是基础知识掌握得不够扎实的表现。也有可能是你的解题能力没跟上。

很多同学都说自己太粗心了，这道题本来会做。这大概率是给自己辩解，我以前也是这样的，总觉得自己什么都会，只是粗心。但实际上是解题能力不够，做的题太少，没有那种游刃有余的感觉。

这就像做饭一样，一年只有两三天做饭，和天天做饭训练出来的能力是完全不一样的。天天做饭的人根本不需要看教程，也很少会忘记添加什么，即便真的忘记了，也能很轻松地补救。

大多数说自己粗心的同学，都是因为训练不到位。

三是进行考点和模板的总结。前面我们讲过，要通过真题和考试来总结考点和答案模板，只有知道考什么，才知道学什么。

日常的考试和刷题就有类似的作用，我们应该通过分析错题来发现下一步学习的重点，总结答案模板。

比如前面讲过，我以前对诗词鉴赏题非常头疼，总觉得诗词鉴赏类的题目非常难以把握。后来发现这里面是有套路的——诗词的主题无非就是送别、悼亡、景色、咏志、历史类等；表达手法更简单，有10种左右，无非就是虚实相生、夸张、象征、借景抒情等；感情和核心思想就更明确了，只要前两个知识点总结得足够全面，后面只要套用常见的思想感情，一般就不会有大的问题。

那这种题是在考查什么呢？它是在考查诗词表达方式、你对故事的阅读理解能力，以及你的归纳总结能力。

比如考研试题中常考的学科历史发展，是在考查什么呢？它是在考查你对这一两百年来本学科的发展是不是了解、关键的学者有谁、关键的理论有什么、有哪些主要学派。说白了，就是这个学科是怎么发展到今天的，你只需要按照时间顺序和逻辑顺序，把主要学派说清楚也就够了。

四是根据考试的情况和对试卷的分析，制订下一个阶段的学习计划。

考试真正的作用是反馈你的学习情况，展现出你有哪些地方非常薄弱，你需要对哪些地方进行有针对性的提升。

在本书的前半部分，我们已经讲过如何制订目标和计划，以及如何对知识点和薄弱点进行有针对性的提升，大家可以回顾一下。

其次，要对考试水平进行分析，分析自己在心态、专注力、做题习惯上的特点，进行有针对性的提升。

考试不仅考查你对知识点的掌握情况，还考查你的心态、专注力，以及你是不是有很好的学习习惯、考试习惯。

比如在考试过程中不懂得分配时间，在前面的名词解释和选择题上，你花了太多的时间，导致后面的核心大题没有时间做了；或者你在某一道比较难的题目上花了太多的时间，导致前松后紧。

比如你很喜欢转笔，这看起来无伤大雅，但是无形之中你的专注力被分散了。这也需要进行改正，可以提醒自己不要转笔。

比如在考试当中，每过一段时间，你都会因为各种各样的原因分神。在明确了这一点后，你就可以通过冥想让大脑空间保持整洁，使用番茄钟等方法来提高自己的专注力。

比如你每次考完试都很焦虑，喜欢到处找人谈心，这可能是因为你知道自己学习不好，但是又无法掌控。你与其一直焦虑，倒不如沉下心来分析试卷，制订新的学习计划，总结答案模板。

很多时候，大家都以为自己走到现在这一步，是因为天赋、机缘，或者遇到了好的或不好的老师。其实这更在于你自己是不是养成了很好的习惯，是不是有了刻意练习的觉醒，是不是一直在有意识地训练自己。

最后，要分析成绩上升或者下降的原因，尤其是要对标自己的学习目标和OKR，调整自己的学习计划。

每次考试之后，你都应该认真分析这次考试成绩变化的原因，同时对标自己最近一段时间的目标和OKR，对自己的学习计划进行调整。

因为不管是目标还是 OKR 都不是一成不变的，需要你根据自己的学习情况进行调整，同时对自己的日常学习进行反馈，认真研究到底是目标定高了，还是学习方法执行不到位，导致目标未达成，抑或是 OKR 制定不合理，或者时间投入不够，根据分析结果主动进行调整。

你一定要记住这句话：你永远是自己的主宰，你需要对自己身上发生的一切，以及本应该发生但没有发生的一切负起责任。

所谓考试速成，并不是空手套白狼，而是通过对真题和日常考试、测验的分析，专注于对考点的研究和掌握，有针对性地学习和练习，提高自己的考试能力，形成正反馈，有重点、有节奏、有取舍。不是一遍又一遍地刷题，从头刷到尾，而对自己的真实情况一无所知，明明付出了巨大努力，但是效果很差。

所谓考试速成，说白了，就是：知道考什么，才知道学什么；知道怎么考，才知道怎么学；知道哪里弱，才知道补哪里。通过刻意练习，有针对性地提高自己的考试水平，这就是提高考试成绩最快的速成之路。

第 17 章 "治愈"偏科：
让你的短板，成为王牌科目

很多朋友特别关心一个问题，就是如何"治愈"偏科，提高弱势科目。

01 为什么偏科可以被"治愈"

我们先来讲第一个问题：偏科真的可以被"治愈"吗？偏科真的能解决吗？

很多人认为自己的偏科是无法"治愈"的，是绝对不可能解决的。实际上，这种想法是错误的，偏科是完全可以改变的。

心理学上有一种说法，叫作"认知不协调"，就是当自己有问题的时候，你会倾向于给自己找一个借口，把这个问题合理化。

偏科的同学，尤其是尝试了很多次都没有解决偏科的同学，就更容易这样想了。

有的同学会跟自己说：虽然我的考研英语不行，但是我的专业课很好，我可以靠专业课提分。你要知道，考研英语好的同学，可能专业课也很好，那你不就没有办法竞争过他们了吗？

有的同学会跟自己说：虽然我的某个科目不好，但是这次考试总成绩有进步了。这样说的同学，很容易对这个科目降低关注。

还有的同学可能会直接跟自己说：我是理科生，所以学不好英语和政治；我是历史学专业的，学英语没用，差点也正常；我天生就不适合学数学，所以才读的文科。总之，我不是这块料，所以学不会。

前面我反复讲过自己的故事：在高一、高二的时候，我的数学只能考八九十分，最低的时候只有 27 分，我也一度以为自己没有数学基因，永远都学不好数学了。

但是在高考前一年，我突击了一把，成功地把数学成绩从八九十分提高到 146 分。

实际上，我不是没有数学基因，而是对数学练习太少，再加上长期觉得自己的语文和英语水平更高，完全可以用语文和英语的分数来填补数学的分数，于是花了大量的时间去学习语文和英语，结果就是整体分数很低，总分数被数学拉低了起码 40 分。

其实大多数考试，除了考研的高数部分和专业课，一般智力的朋友都可以考出一个不错的分数。偏科是完全可以解决的。

1997 年，美国心理学家麦克赫森随机挑选了 157 个孩子，让他们学习一种新的乐器，并且跟踪研究 9 个月。

麦克赫森发现，孩子们的水平明显变得参差不齐：少数几个孩子进步神速；少数几个孩子非常落后；大多数孩子处于中间水平，比较均匀地分布，大差不差。

那到底是什么导致了这种差异呢？麦克赫森排查了很多因素，但因为这些孩子都是随机挑选的，他们的天赋、智力等差距不大。

后来他经过反复调查研究发现，在天赋差不多的情况下，"远大目标"才是决定成绩的根本因素。

这是什么意思呢？就是向孩子们提出一个问题：这种新的乐器，你希望自己能够学习多久？有的孩子说希望尽快结束，有的孩子说小学期间，有的孩子说学习到高中，还有的孩子说这辈子都要学习。

说要学习一辈子的孩子，其学习效果是希望尽快结束的孩子的学习效果的 4 倍。

因为他们不怕进步缓慢，也不怕一时半刻得不到正向反馈，他们对自己更有耐心，他们有远大的目标，所以他们在日常练习当中也就更加平和，能够更主动地去解决问题。虽然他们练习的时间未必很长，但是效果却很好。

其实很多同学都把天赋的作用夸大了，但是真正的关键根本就不是天赋不够，而是对自己没有耐心，一下子就给自己定性了，认为自己没有某方面的基因。同时，他们还往往存在如下几个问题。

首先，他们一直在做自己会的容易的题目。

这些同学给自己洗脑了，觉得自己就是没有某方面的天赋，所以对自己的要求很低。当他们遇到不会做的题目时，要么是很轻易地放过去，要么是"摆烂"，难做的就不做了，做错的就归结为自己不行，计算出错的就归结为自己粗心。

甚至明明知道某个方面是自己的薄弱点，但就是不敢去解决问题，反而为了提升自己的自信心，总是做自己擅长的简单的题目。

然而，如果一个大的板块有问题，但是你总做简单的题目，总做自己会做的题目，那么是没有办法提升的。

其次，他们总是在机械化地学习，完全不动脑子。

这些同学总是在机械化地刷题，在学习过程中完全不动脑子，只是靠本能反应去解决问题，不思考，不复习，也不总结。

比如政治不好，就拿过书来叽里呱啦地背一个小时，把关键要点全都抄一遍。但是这样做有用吗？当然没用。

比如数学不好，就把错题全都抄在错题本上，看起来在数学上花了特别多的时间，但是抄完后既不看，又不复习，更不思考，实际上就是一直在麻痹自己，没有直面自己的问题。

我有一个同学，明明已经到了高三，却还在纠结秦朝和汉朝谁在前、谁在后，连这么基础的知识点都没搞懂。这实际上是在基础知识上出了重大问题，但却迟迟没有修补这个漏洞。

最后，他们要么是基础缺失，要么是平均用力，要么是着力点错误。

很多偏科的同学都是在基础知识上有比较大的疏漏，要么是不愿意回到课本本身，提高基础知识水平；要么是面对弱势科目平均用力，可能七个板块都学得不太好，但是不愿意花时间集中攻克其中一个板块，而是在每个板块上都花一点儿时间，反而使得每个板块的问题都没有解决。与其伤其十指，不如断其一指，就是这个道理。

还有的同学明明基础特别差，但就是不愿意从比较基础的题目入手，而是追求做一些很难的题目。实际上，大多数正式考试都不会优先考偏难、偏怪的题目，而是会考查你对基础知识的掌握和灵活运用能力。所以，追求做偏难、偏怪的题目，就是着力点完全错了。

很多人认为自己没有什么天赋。实际上，如果是特别难的专业课考试，比如考研的高数和理化专业课，可能确实需要考虑天赋的成分，但是对于绝大多数的中高考、考研、考公，根本就没到需要拼天赋的地步。

我理解大家都有畏难情绪，毕竟如果你不畏难，或者对于你来说，某科目的内容不难，那么你也就不会一直偏科到现在了。

但是你别无选择，只有迎头赶上，把手术刀架在自己的病灶上，对自己下狠手才能解决问题。

02 解决偏科，你也能拿到 80% 的分数

解决偏科的第一个关键，就是要把基础知识掌握牢固。

大多数偏科的同学，一定是对基础知识掌握得不够牢固，甚至连不重不漏地掌握知识要点都非常艰难。

比如英语的基础是记好单词；历史、政治的基础是把课本上的知识点都记住；数学的基础是各种公式、定理，以及各种常见的解题方法。

在这一部分，大家可以配合知识框架和费曼学习法，先把基础知识不重不漏地完全记住，掌握牢固，再进行进一步的应用。

快速提升成绩是有窍门的。比如高考英语，考试大纲上单词有 5 000 个，但实际上真正常用的也就 3 500 个，比较核心、常考的也就 1 000 个左右，如果你能把这些单词记住，再加上日常的单词记忆，那么也能够达到急救的效果。对于"学渣"，最有效的方式就是先把基础的 3 500 个单词记好，这样就可能拿到 80% 的分数，而不需要花大量的时间去记忆比较少出现的剩下的那 1 500 个单词，因为难度大，且回报小得多。

其实绝大多数基础题目并不需要你有特别高的天赋，你只要不断地重复就能有显著的提高。

这一点前面已经反复讲过了，这里不再赘述。

03 掌握基础知识：80% 的都会，会的都做对

解决偏科的第二个关键，就是要掌握基础套路，同时把基础题目、常见题目都做对。

我反复讲过，对于绝大多数偏科的同学来说，不是偏难、偏怪的题目做不好，而是基础的简单题目容易做错，甚至其中有很多题目是自己会做但依然做错了的。

如果你严重偏科，那么建议你尽可能在短期内集中力量海量做题，先把弱势科目的某个大知识板块拿下。

在海量做题中，要舍弃偏难、偏怪的题目，只把占最大比例的基础题目拿下。如果难度满分是 10 分，那么你可以专攻难度为 5~8 分的题目。这是因为：

- 一方面，你的能力意味着你很难做对那些偏难、偏怪的题目，况且在正式考试当中也未必会考到它们。
- 另一方面，做偏难、偏怪的题目与做中等难度的题目相比，可能需要多花两三倍的时间和精力。所以说，与其专攻偏难、偏怪的题目，不如花时间勤加练习中等难度的题目，让自己形成肌肉记忆。

尤其是要配合神奇笔记本技术，对错题和没有掌握好的知识点进行反复训练，想尽办法把知识点掌握扎实。

同时还要总结出各种常见题型的基本解题套路，做到心中有数。比如材料分析题、综合题、简答题都是怎么回答的；在各种考试当中，都有哪些常见的套路和模板，你要把这些关键知识总结出来。

比如英语作文常见的 10 种套路、10 种经典开头、10 种经典结构、10 种经典结尾、100 句万能名言等。

解决偏科的问题，你需要通过攻克关键要素，先把分数线从及格线拉到一般好甚至良好的水平。

04 如何找到适合自己的学习方法

解决偏科的第三个关键，就是主动寻找适合自己的学习方法，尽可能对基础知识、基础题目、基础套路进行海量练习。

研究数据表明，人的智力差距并不是特别大，尤其是在大多数考试当中，只有喜不喜欢，没有胜不胜任。但是话又说回来，喜不喜欢没有那么重要，重要的是要理性面对偏科的问题，找到解决的办法。

大家可以回顾一下本书里的内容，实际上就是一整套发现问题、解决问题的系统方法论，给你提供了一套完整的解决问题的方法，而不是学完什么就成绩暴涨的灵丹妙药。

大家可以主动根据本书中讲过的方法来解决偏科的问题。例如：

首先提出一个具体的目标，如在 3 个月内，将高中数学的成绩从 80 分提高到 100 分。

然后根据这个目标倒推制订计划，应该集中解决什么问题，做到哪些关键点。在 OKR 工作法中，制订三五个关键的 KR，再定期回顾关键工作的完成结果。

接下来使用知识框架、费曼学习法对基础知识加以巩固，使用神奇笔记本对知识进行思考与总结，对错题进行重复训练。

最后将学习进展以及在学习当中遇到的挫折和准备采用的方法全都列在学习日记中，不断地思考自己的出路，复盘每天的学习。

通过这些方法，找到适合自己的节奏和状态。

不要轻易给自己设限，不要轻易说自己做不到，大多数的学习和考试真的还没有到拼天赋的地步。

第18章　写给"学渣"：
天赋差的人，也有逆袭的机会

如果你是一个"学渣"，该怎么逆袭？这个话题可能比较沉重，但是又充满希望。

可能很多朋友从小到大都有一种感觉，就是别人看起来好像很容易就把老师讲的东西搞明白并记住，而且还能运用自如，自己怎么好像就不行呢？是不是自己的天赋太差了？是不是自己没有遇到好的老师？

可能有这方面的原因，但是并不绝对，因为研究发现，只要不是智力极其低下，每个人就都有大幅度提高成绩的可能。

01 为什么"学渣"也能大幅度提高成绩

大家可以思考一个问题：假如满分是100分，"学渣"只能考50分，而学霸能考90分，你认为谁提高10分更容易呢？

毫无疑问，当然是"学渣"提高10分更容易了。如果考试涉及10个板块的知识，每个板块占10分，那么"学渣"只需要在原有知识的基础上，吃透一个板块就够了，而不需要像学霸一样，把每个板块都做到极致，那样就太难了。

也许有人会说：就算我从50分提高到60分，又能怎么样呢？即使学霸还维持在90分的水平，我和他也依然差30分啊！

持有这种想法就大错特错了。

- 一方面，你的目标不是跟学霸平齐，毕竟差距是天长日久拉开的，你不能追求3天就赶上学霸，你只能在自己原有的基础上更进一步。这就好比你现在月薪是3 000元，你就不能直接对标某富二代，因为你肯定搞不定，而且你们也根本不会直接竞争。

- 另一方面，虽然单科进步10分看起来没什么，但是不止一科啊！假如你高考每科进步10分，那起码提高了60分；考研每科进步10分，那就提高了40分，这可是革命性的进展，可能决定这一科能不能及格，或者决定你能不能进复试。

- 更关键的是第三点，除了专业考试，大多数的升学考试，比如中、高考，甚至包括考研的一部分，都是考试大纲范围类的考试。这是什么意思呢？就是这类考试会局限在一个规定的范围内，只要你能够掌握课本上的基本内容，经过足够合理的训练，就可以拿到80%的分数，或者可以这么说，80%的题都是送分题，并不难，只要你学扎实掌握了基本内容就可以拿到分数。

当然，考研、考公、专业考试等可能有所不同，因为有的是竞争性考试，比如人家就要10个人，你只做到不错还不够，还需要做得比别人好才行。

总之，不管怎么说，你还是能在短期内提高自己的能力的。

所以从这个角度来说，即使你是一个"学渣"，也千万不要放弃，一定不要觉得自己从小就不行，未来就没有希望了。

一直不行，并不意味着永远不行，只要找到正确的方法，你也可以实现跨越式进步。那么应该如何在短时间内快速提升成绩呢？

02 精准努力：掌握关键知识，让成绩爆发式增长

第一种方法是精准努力，掌握最关键的那些知识和套路。

不知道大家有没有研究过各种考试，真正常考的知识，其实并不是课本的全部内容。

如果你把常考的这一部分知识掌握牢固了，你的成绩就能有一个比较大的提高。

我们以高中英语为例。高中英语包含很多东西，比如 5 000 个考试单词、几百个语法知识点，但它们的绝大多数是用不上的，也是不常考的。

只要你把 3 500 个常考单词记扎实了，再熟练掌握十来种常见的语法知识点，你的成绩就能从 90 分的及格水平提高到 120 分的水平。

这样做当然是可能的。大家可以想一想，阅读理解的核心其实就是考查单词，只要掌握了常考的核心单词，正确率就会大大提高；单选题和完形填空也是一样的，只要掌握了常见的一些语法和单词，你就能够拿到 80% 左右的分数；作文也是如此，只要记住几种高级结构，以及一些不错的句子，再掌握 20 个左右的模板，你就能够拿到 80% 的分数。

就拿背单词来说，绝大多数同学是怎么背的呢？他们从 A 背到 Z，自律的同学今天背 50 个，明天背 50 个，不够自律的同学今天背了，明天就忘了背。

对于大多数人来说，这都是一个漫长而痛苦的过程。你需要把所有的东西都准备好，不管是高频的还是低频的，才觉得心里安稳。

假如你是一个"学渣"，只能考 60 分，那么这样做效率就太低了，因为记住 5 000 个单词，跟记住 3 500 个核心单词，难度是完全不一样的。

别人背 5 000 个单词，可能需要花 1 年的时间，反复忘、反复记。而

你可能只需要 8 个月，就把常见的 3 500 个单词记住了，起码能够提高 20 分的成绩，这个效率有多高就不用说了吧。

当然，不光英语，语文、数学等科目也是一样的，常考知识就那么多，常见题型就那么多，常见套路就那么多，只要掌握了这些内容，考试是完全没有问题的，尤其是"学渣"，会有非常明显的进步。

这时可能有人会说：如果考到了不常见的知识怎么办，我还是拿不到高分啊！

大家还记得我们前面讲的吧！如果满分是 100 分，"学渣"从 60 分提高到 80 分，跟学霸从 80 分提高到 90 分，难度是完全不一样的。这个难度差就在这里，从及格到优秀，你只需要花 5 分的力气，但是从优秀到惊艳，你就可能需要花 100 分的力气。

假如你是一个"学渣"，你的首要目标是从及格到优秀，其他的不是你这个阶段需要考虑的。

具体怎么做呢？你需要先找到各个科目最常考查的知识和套路，然后进行总结。

你既可以从网上下载，比如常考的 3 500 个单词、常用的写作套路、常考的 10 种诗词套路等，然后通过做真题来验证是不是真的常考。

你也可以通过总结真题以及标准答案，来研究最近 5 年或 10 年有哪些知识和套路是常考的，标准答案或者满分答案都是怎么做的。比如高考或者考研的英语作文，还有考公务员的申论，就有各种常见的写作架构、常见的分析模式、句子结构，以及比较优美的词、短语、句子，掌握了这些基本内容，就能够让你脱离"学渣"的身份了。

03 目标倒推：先想清楚诉求，再拆分目标

第二种方法是根据自己的目标，倒推自己需要做什么。

第18章 写给"学渣":天赋差的人,也有逆袭的机会

关于设立目标的内容,其他章节已经讲过了,这里不再赘述。这里专门讲讲对于"学渣"来说,应该如何通过设立目标来快速提高分数。

还是以高考为例,因为很多朋友都参加过高考,思路是基本一致的,一通百通。

比如你现在读高二,总分是500分,在全年级排名800名,也就是一个大专水平。你的目标是上一个不错的一本大学,冲刺一下"211"大学。

假设你的分数是这么构成的,语文、数学、英语都是100分,政治、历史、地理都是70分左右。

- 首先,设立大目标。从以往的经验来看,你必须冲到600分左右,或者在全年级排名100名,才能实现上"211"大学的梦想。
- 其次,设立中目标。平均下来,语文、数学、英语每一科都要提高20分,政治、历史、地理平均每科要提高10分。
- 最后,对小目标进行拆分和倒推,然后有针对性地提高那些做得不够好,但最容易得分的地方。这是什么意思呢?就是如果要提高20分,你怎么才能做到每种题型的分数都涨一点儿,或者哪种题型是现在做得最差的,但其提分空间最大,也是最容易的。花一两周的时间,在原有的学习进度上,攻克一两个板块或者一两种题型。

比如语文,作文满分是60分,你平常也就能拿到三十八九分,但如果你能找到20篇各种话题的满分作文,拆解它们的结构,看人家是如何立论、分论、得出结论的,模仿那些内容,总结出三五种常见的作文模板和行文语言,往高了不敢说,拿到45分到50分还是有机会的,能在短时间内提高10分左右。

比如你的高中数学很差,以前只能考 90 分左右,现在想要提高到 120 分,你可能一下子就慌了,不知道该怎么办。实际上并没有你想象的那么难,"差"未必一定是劣势,也可能是优势。因为 90 分左右的水平,大概率对所有的知识板块和题型掌握得都比较差,所以提升的空间就更大了。

在这种情况下,与其大范围洒水,不如专攻一两个知识板块,花两周左右的时间把其攻破,把知识掌握扎实了,做好常见题型,也不用冲击特别高的难度,就能够应对绝大多数的高考真题。

比如高考数学里的立体几何和概率抽样,一般常考,占 20 多分,难度也不是很大,如果把这两个板块吃透,往往就能提高 10 分左右。

类似的方法,我们在前面也提到过很多,大家可以综合起来运用。

比如考研专业课,尤其是自主命题的学校,你会发现其历年来考查思路都很稳定,很多内容都是常考的,顶多是换一种形式。

比如北京大学新闻与传播学院,考传播学专业,经常会考传播学近 100 年来的发展史,或者与传播工具相结合,讲讲近 100 年来的传播发展。因为文科学科的发展不可能特别快,所以讲来讲去都是以历史为主的,学好了传播学史,就能拿到起码一半的分数。

快速提升成绩的关键是找到少数几个关键环节、薄弱环节,集中时间吃透,就能够有比较明显的进步。

04 实事求是:面对真实的自己,是成绩爆发的第一步

第三种方法就是实事求是,理性、客观地思考自己在学习当中遇到的问题,有针对性地解决问题。

第18章 写给"学渣":天赋差的人,也有逆袭的机会

我以前做过很长一段时间的家教,也在网上辅导过很多学生,我发现,凡是学习不太好的学生都有一个共性,就是他们有一些很严重的坏习惯,或者知识缺陷,自己也知道这是不好的,但是就不主动地去改正,或者稍微改正了一下,就放弃了。

比如高三的时候,还有两个月就要高考了,有一个女同学问了我一个问题:秦朝和汉朝哪个在前、哪个在后?

我当时有点无语:秦汉,秦汉,你说哪个在前、哪个在后呢?

这个同学有点生气:你直接告诉我答案不就得了,说那么绕干什么。

后来这个同学高考考了300多分,她复读了,二战也没有过400分。

她可能没有意识到真正的问题是什么。问题并不在于秦朝和汉朝谁在前、谁在后,而是这个小学阶段就应该知道的知识点,甚至都可以算是常识,她直到高三还不知道。但是她明明知道自己"不知道",却等待了很长时间才去问,也没有主动看历史课本。

我觉得这就像一座冰山,暴露出来的问题就是海平面上的冰山一角,没暴露出来的问题就是隐藏在海平面之下的那部分。如果说暴露出来的部分是泰山,那么没暴露出来的部分可能就是喜马拉雅山。

你到底面临什么样的问题,其实只有你自己知道。你绝对不能"等靠要",总想等着别人来发现问题和解决问题,或者等着时间过去,这些问题会自行解决。

因为你根本等不起,你的时间太宝贵了,拖一拖可能就快到考试的时间了,就更难解决了。

那么,你可能存在哪些问题呢?我们来大致解析一下,只是举一个例子,主要看看怎么去解决问题,找到适合自己的学习方法。

首先，训练量太少了，对很多知识缺乏肌肉记忆，也没有起到塑造专注力的作用。

有些同学对自己的实际情况有很严重的误判，而且其训练量根本不够。

比如上面说的那个搞不清秦汉朝代顺序的女同学，她以为自己就只有这一个小知识点搞不懂，但这其实意味着其基础知识的大面积崩塌。这时候她不应该完全跟着老师的节奏走，而是应该抓紧把课本上最基础、最核心的东西全部梳理学习一遍。

还有些同学以为自己做题总出错就是一时的马虎，实际上根本不是，而是因为训练量不够，导致出现如下问题：

一是，总是在简单的地方出错。如果训练量能跟上，是不会那么容易出错的。

我之前问过清华大学的一个同学，如何解决这个问题。他说这从来都是因为训练量不够，对很多知识没有形成肌肉记忆。

比如在心算的时候，做了 2000 套数学题的同学，跟做了 100 套数学题的同学是完全不一样的，前者对大多数的计算过程都已经了然于胸，不需要经过演算就可以直接写出某些部分的答案，也很难再出错；而后者，所有的演算都要重新来一遍，当然出错的概率就大了。

举一个简单的例子。我曾经随口问一个朋友，2 的 3 次方是多少，4 次方是多少，5 次方、6 次方各是多少。

在说到 4 次方的时候，她就需要花时间计算了。如果你的做题量足够，很多计算过程形成了肌肉记忆，出错的概率自然就小了。但如果每次你都要重新演算，出错的概率自然就大了。

二是，学习从来都无法进入状态。如果你将每次做题都当成高考，都在 2 个小时内完成，自然紧张感就上来了。但是如果你玩着做，态度非常松散，那么你的专注力肯定上不来，脑子里会有各种各样的小念头，自然就容易出错了。

大家可以想想，作为一个学生，平时除了学习也没什么其他事情，如果做题量上不来，其大概率是在做与学习不相关的事情，心里的杂念自然就多了。

归根结底，这两点都是日常训练不过关的结果，而不是你告诫自己要紧张、要认真，就能紧张起来、认真起来的。

如果你不清楚自己的问题是什么，当然也就不可能解决问题了。

其次，解决个性化的问题，探索适合自己的学习方法。

很多问题都是个性化的，一人一个样，因此并没有一概而论的方法。你要做的就是采取主动的方式，探索适合自己的方法来解决问题。

有一些方法是本书中提到的，比如记忆力不行，你就厘清知识脉络，或者用费曼学习法给别人讲出来；目标不清晰，你可以使用 SMART 法则；不会制订计划，你就使用 OKR 方法。

对于非常个性化的问题，比如你早上起不来，但是晚上很兴奋，所以你的学习时间和别人的不一样，你在图书馆占不到位子，那你能不能调整一下时间，强迫自己早起，通过早起使自己在晚上提前发困。

比如你们考研小组的同学总是散发负能量，总跟你说万一考不上怎么办，还需要你提供情绪支持，那你就想办法甩掉他，物理屏蔽负能量。

最后，建立一个笔记本，记录自己每天遇到的问题，以及你使用了什么方法，取得了什么成绩。

如果你还没有取得非常大的成绩,则可以先把这个问题记下来,给出解决和执行的计划,给自己一个截止时间,告诉自己一定要解决这个问题。

这对于任何一个同学来说都是革命性的方法,不管你是"学渣"还是学霸,都能够帮到你。

当然,我们在其他章节中还会讲这种方法,这里就不赘述了。

希望每个暂时落后的同学,都能够通过自己的努力尽快追赶上来;希望每个读完本书的同学,都能够成为学霸。

第 19 章　超常发挥：
考场上如何超越平常水平

本章内容是要帮助同学，在考场上防止失常，争取超常发挥，尽可能拿到比自己平常水平还要高一点的成绩。

在这个环节上，有三个关键。

- 一是考试心态，比如有的同学刚考完一科，就喜欢跟同学对答案，或者特别喜欢打听别人考得怎么样，把自己搞得紧张兮兮的，这非常不利于接下来的考试。

- 二是考试技巧，比如有的同学考试前松后紧，简单的题慢慢做，难的题快快做，这就导致分值大的题目拿不到分数；还有的同学一着急就不注意审题，忙乱中很容易出现各种失误。

- 三是考前复习，比如有的同学考前完全放松自己，结果导致准备了一两年的考试，却因为放松了一两个星期，没了手感和紧张感，最后反而没有考好。

01 打造钝感力：培养强大的内心，决不被困难打倒

培养考试好心态的第一步，就是要打造钝感力。

很多朋友之所以考试失常，就是因为总觉得自己没有准备好，所以

在考前和考场上都会感觉特别紧张,甚至在考前花了大量的时间排解情绪,反而耽误了学习时间。

实际上,心态问题不应该被放在首位,真正重要的是花时间解决学习上的问题,能拿下一个板块就拿下一个板块,能多学一个知识点就多学一个知识点。

与其纠结上一个城池丢了有多可惜,倒不如好好想想,怎么把下一个城池拿下来。

所以在考前和考试中,对钝感力的打造非常重要。

什么是钝感力?其实就是保持平静的能力。比如最近有点小波折,或者考场上有点不顺利,你都能够平静地去解决问题。

打造钝感力有如下几个关键。

第一个关键,要正确处理学习环境、人际关系带来的影响,远离那些带来负能量的人,多亲近那些带有正能量的群体,不要对别人的行为做出过度的解读。

一方面是要正确看待周围环境的影响。

有些同学会纠结:周围的人都不好好学习,给我带来很大的压力,怎么办?当年我也有类似的经历,虽然在重点班,整体学习环境还不错,但是有一些同学特别爱聊天,经常几个人闲聊,就能把整个教室闹得乱糟糟的。所以我前期压力很大,也很烦躁,总觉得这些同学的存在给我的学习设置了障碍。

后来发现,习惯了也就那么回事儿。既然无法改变,还不如接受,何况别人对你的影响其实没有那么大。你之所以焦虑,是因为你准备得不够好,特别容易无能狂怒。

实际上,换个想法可能更容易理解。因为考场上也会有各种各样的干扰，你总不能因为考场上有杂音，就扔下笔不写了吧！

所以带着杂音学习，是一项很重要的练习。

另一方面是要远离那些消耗你能量的人。

在我们的社交圈里经常会有人散发负能量，比如贬低你、嘲笑你，散发各种悲观论调；有人占用你很多时间，需要你安慰他、陪伴他，给他出谋划策等；还有人跟你三观不一致，怎么相处都很不舒服。

这些人直接远离就可以了，不要抹不开面子，也不要心存留恋，硬着头皮不再来往就可以，因为你的能量太有限了。如果你允许一个消耗你能量的人留在身边，那么就意味你的脑子不太清楚了，分不清什么是重要的事情。

第三方面是不要努力去当社交小明星。

很多同学比较喜欢社交，不管是在笔试考场上，还是在面试考场上，没有他不认识的人，没有不关注他的人。

但是这种社交关注是没有意义的，你还要花时间和精力去维护这些人际关系，从这些人那里打听来的"消息"也往往毫无价值，还可能造成一些麻烦。

第二个关键，不要轻易地被困难打倒，越是在紧张或者迷茫的时候，就越是要提醒自己不要急、不要慌。

说白了非常简单，就是当你遇到挫折的时候，或者当你准备得不够好的时候，一定要提醒自己：既然已经走到这一步，那么就静下心来解决问题，因为焦虑没用、纠结没用、自责没用、紧张也没用。

稍微遇到点挫折，就爆发负面情绪，未必是你准备不好的结果，反而可能是你准备不好的原因。

遇到问题很正常，没有人总是一帆风顺的。一旦遇到问题，你就冷静下来静静地解决问题，想想接下来应该怎么办。

比如一道难题，你用了 3 分钟还是做不出来，那么你可以先去做其他会做的题，不要在做不出来的题上纠结过长的时间，说不定做做其他题就有机会想出来这道题怎么做了。

比如某次测试没有考好，你与其万分痛苦，纠结为什么自己没有考好，倒不如冷静下来分析试卷，看看自己下一步应该如何调整学习计划。

实际上，过一段时间后，再回看当时考试中的紧张、焦虑，你就会发现只不过是没有正向反馈，或者正向反馈太少，给自己带来了压力。那你就要从会做的题目上给自己找信心，虽然有的题目没有做出来，但有的题目做出来了，自己的努力应该被肯定。

多给自己正向反馈，当遇到挫折和有压力时，多给自己一些鼓励和耐心，是攻克问题的前提之一。

第三个关键，不要总觉得别人很厉害，而自己不行。

很多同学很容易受到别人的影响，总是通过抬高别人来否定自己。

桥水基金创始人雷·达里欧说过：我阅人无数，从没见过真正天赋异禀的人。我可以很负责任地说，绝大多数人都是普通人，那些已经成功的人，只不过掌握了正确的方法，付出了大量的努力，没有人只靠天赋就能轻松做好所有的事情。

所以羡慕别人是没有用的，只不过别人比你花了更多的时间、心思。

实际上，我也问过北大、清华的学霸，其中很多人在高中的时候也有很严重的偏科问题，只不过硬着头皮赶上来了而已。他们也花费了巨大的功夫，没有谁能够轻轻松松就把知识学好，把题目做对，他们往往付出了常人难以企及的努力。

更何况，有些人只是表现得很轻松，实际上未必做得很好，也许都做错了还不自知呢!

我在考研的时候就遇到过这样的人,他边做题边抖腿,时不时把卷子翻得哗哗作响,最后还提前交卷了。我承认,当时我多少是受他影响了,总感觉他应该考得很不错,起码会比我好。

后来成绩出来了,我才知道,他根本就没过复试线。他之所以提前交卷,是因为他觉得反正也写不出来了,还不如提前交卷回去呢!

很多时候,我们都想象别人比自己强,但实际上可能大家的水平都差不多,谁能够安下心来解决问题,花更多的时间,谁就赢了。

02 考试节奏与考试技巧:举重若轻,源于充分的准备

现在我们来聊聊如何把握考试节奏与考试技巧。

很多朋友在考试当中把握不住考试节奏,要么太快,要么太慢,要么前紧后松,要么前松后紧,要么在难题上花了太多的时间,在简单的题目上又很容易掉以轻心,导致错误百出。

因为考试不同,个人水平也有非常大的差异,所以大家还是要测试一下,什么样的流程和节奏比较适合自己。

首先是考前准备,在日常学习中就应该对考卷进行深入研究,让自己适应考试答题的节奏、题型分布、分值分布。

在平时学习中,我们应该认真研究题目,搞清楚真题大致包含什么题型,整个试卷的不同板块分别有多少题目,一般哪些题目容易,哪些题目难,以及不同题目的分值如何,为掌握考试节奏提供依据。

不少人都犯过一个严重的错误,就是考试中漏了一面,或者漏了一道大题,白白丢了很多分数。如果连自己应该做多少道题都不知道,则说明对试卷极度缺乏研究。

同时在日常学习中，我们应该认真研究时间分配，通过一次次测试明确，自己在什么板块上应该花多少时间，而不应该在难题上死磕，导致整体时间不够。

总体上，大的题目板块可以按照分值来分配时间，比如选择题占 70% 的分值，那么花费的时间就应该占全局的 70%。

如果深入到具体的每道题上，则可能有所不同。比如简单的、常见的、形成了肌肉记忆的题目，可以快过；而那些相对比较难的题目，就稍微多花一些时间。

请注意，在日常训练中，你可以给自己安排一条时间线。比如通过研究发现，选择题必须用 40 分钟完成，简答题必须用 1 个小时完成，否则后面分值较大的题目就无法完成了。在考试中，你要有意识地提醒自己，在规定的时间内，把每个板块的题目全部做完。

其次是学会审题，提升自己阅读题目、解决问题的能力和效率。

审题出错，是很多人丢分的重要原因，同时也浪费了大量时间。这一方面是阅读理解出了问题，误解了出题人的意思；另一方面可能是比较急躁，很容易忽略一些细节，等到电光石火之间反应过来后，重新回来做题，这样就浪费了大量时间。

提升审题能力，功夫主要花在平常。你要将自己的答案和标准答案进行对照，看有哪些不同，研究哪些信息是从题干的哪个部分得出来的，反复锤炼自己审题的能力。

同时你可以在第一遍读完题目之后，再花 10 秒左右的时间核对一下题目，多读两遍题目，而不要着急在似懂非懂之间立即下笔，要尽可能在心态上做到举重若轻。

你千万不要怕耽误时间，因为急躁带来错误，反而可能会做无用功。何况 10 秒左右的时间，对整个考试也没有什么影响——整个考试加起来也就两三分钟的额外时间，但却有可能帮你节省大量的时间。

你千万别指望到了考场上"认真点"，这个问题在考场上是很难现场解决的。

最后是回答问题的标准化。

这一点很重要，我们前面讲过，要通过分析标准答案以及历年真题，形成回答问题的标准模式。

- 一方面，这是在帮你分析得分点，因为所有的题目都是按照要点给分的。你要通过研究标准答案，分析一般要点都是怎么给分的，然后在考试当中按照这个标准进行回答。
- 另一方面，让自己的答案标准化。比如简答题怎么回答，材料题怎么回答，综合题怎么回答，不同类型的题目分别怎么回答，既要在形式上标准化，又要在内容上标准化。

比如诗词鉴赏题，你可能就知道要先分析意向，再分析表达手法，最后讲讲诗人的真实情感是什么。

你只需要研究这种题目一般都是怎么回答的，就可以得到一套基本通用的逻辑，按照具体情况增减就可以了。这就是标准流程，能够帮你在考试中节省非常多的时间，大大提高答题效率。

03 考前复习：适度紧张，重点筛选，考前准备与生活习惯

关于考前复习，我们前面讲过整体的复习策略。这里主要讲考试前短时间内的复习，时间为考前一个月左右。

在这个阶段，大家要做好如下几件事情。

- 第一，要有正确的自我期待。不要想着犒劳自己，就放松下来，

毕竟考试还没开始。也不要想着平时没有准备好，临场发挥，能够拿到一个好成绩。其实比较合理的自我期待是，把会做的题都做对，这就已经难能可贵了。

- 第二，不要再复习那些大部头的东西，也不要再搞大水漫灌了，除非你能够在两周或者一个月的时间里，把所有的知识再地毯式轰炸一遍。这个时候最好的策略应该是使用自己整理好的框架，运用费曼学习法，梳理知识，看还有没有疏漏，以及使用神奇笔记本，研究之前常做常错的、没吃透的、典型的题目。你可以做一点题保持手感，但是不要陷入题海战术中。
- 第三，要学习到最后一秒钟，不要觉得马上就考试了，已经无所谓了，还是应该保持稳定输出。我在考研的时候，临进考场都没有放松，一直还在背题，结果考前准备的一道简答题就命中了。
- 第四，就是睡眠和饮食，这时候就不要改变日常的生活习惯，进行突击考试或者突击补充营养了。

比如有的同学平时天天吃食堂，临到考试了就想着吃点好的，觉得应该大鱼大肉补一下。实际上，这种违背日常生活规律的行为，很容易让人拉肚子，或者因为身体不舒服而发挥失常。

还有的同学考前还在熬夜复习，上了考场没有精神，昏昏沉沉，反而容易发挥失常。

第 20 章　写给高考：
6 招备考快速提分，创造考试奇迹

一个人的成绩是由三部分决定的，分别是天赋、努力和方法。

在天赋上，我可以很负责任地说，除了极少数特别牛的大神，大多数人没有根本性的差距。

普通人的智商最低是 100，稍微聪明点的能达到 110 多，120 以上的算是比较聪明的，140 以上的就是天才了。大多数人的智商应该在 100 和 120 之间，虽然有差距，但是没有形成质的差距。

可能有人会质疑自己的智商，说自己非常笨。如果你说的"笨"是指学习成绩不好，可是你正常完成了九年义务教育，说明你的智力是正常的，只不过需要一点努力和方法。

努力，其实对所有人都是公平的。因为只要你和别人的智商差距不是很大，凭借自己的努力，就有机会拿到一个不差的成绩，起码能达到年级的平均水平，或者中等偏上。

如果没有达到年级的平均水平，则说明你的努力还有比较大的空间。同时辅以比较高效的学习方法，你的学习效率就能够大大提高。

那么，普通高中生具体应该怎么做呢？

01 在语文、数学、英语当中，选一科打造成王牌科目

第一种关键做法，就是在语文、数学、英语当中打造一个王牌科目。

大家是否知道亚马逊创始人贝佐斯说过的飞轮效应：首先集中力量把亚马逊的一项重要工作做成，然后再做下一项重要工作，这些重要工作都是相关的，而且非常艰难，但是对亚马逊的未来发展有至关重要的意义。

这就好像一个飞轮，前期推动它会很艰难，但是你付出的努力越多，就会越推越快，最终这个飞轮不需要你花太多的精力，也能越转越快。

其实考试与之很像，我们要做到的事情，就是在语文、数学、英语这三个主科当中打造一个王牌科目。

为什么要选择语文、数学、英语这三科呢？这是因为：

- 第一，这三科的分值比较大，当你建立了一个王牌科目之后，对整体分数的提高有非常大的作用，而且会给你巨大的自信心。

- 第二，伤其十指，不如断其一指。如果平均用力，想要全面提高所有的科目，时间和精力肯定不够用，但是你可以集中精力把一门课程打造成王牌，然后再使用这种方法，提高其他科目的成绩，从而让自己没有短板。

- 第三，高中阶段的各科知识，实际上套路有限，并没有那么复杂。如果在这个阶段能够把所有的知识吃透，你就会发现越往后越省心，也就是人们常说的开窍了，你就可以花大量的时间来提高其他科目，成绩自然越来越好。

这就好比一个飞轮，当你竭尽全力让它转起来的时候，事情就走上正轨了。

02 高效刷题，避免低效努力

第二种关键做法，就是尽可能高效刷题，避免低效努力。

很多同学做试卷，喜欢从头刷到尾，所有地方平均用力，不仅浪费了大量时间，而且学习效果很差，看起来很辛苦，但努力是低效的。

你在刷题的过程中要研究三个问题，而不是从头刷到尾，一遍又一遍。

第一个问题，研究自己有哪些知识错漏。

这个环节的关键在于多做基础知识方面的题目。

虽然我们讲了知识框架、费曼学习法，但是它们还只是局限在记忆层面，怎么去锻炼自己的应用能力更是重中之重，所以你要通过刷题来检验自己对什么知识应用得还比较差。

第二个问题，通过刷题得到的，就是对常见套路的掌握。

这个环节的关键在于总结各种常见的套路。

什么计算常见、什么题型常见、什么套路常见、什么答案模板常见，简而言之，就是把最常见的东西全部总结出来，尽可能做到快速复用。

在这个过程中，你会的题目快过，尽可能形成对基础计算、基础知识、基本表达的肌肉记忆。

比如一个计算过程，其中大量的计算都被训练成了肌肉记忆，如计算 2 的几次方这一类的，你完全能记得住结果，那么就省掉了考试当中的计算，自然就会很快。

比如语文作文，你把立论、分论、得出结论这一套玩得滚瓜烂熟，那么只需要根据题目的不同，将自己积累的素材填充进去就可以了。

当你把最常见的这些内容全部总结出来并熟练掌握后，对基础的东西形成肌肉记忆，有意识记忆，就不太容易出错了，就可以稳拿八成的分数。

第三个问题，通过刷题得到的，就是对知识灵活应用水平的提高。

这个环节的关键在于用好神奇笔记本，对中、高难度的题目进行猛攻。

对于中、高难度的题目，则要慢做、多做。因为当你拿到八成的分数之后，后面的难题就是提高分数的关键了。

对于这类题目，你要根据前面讲过的神奇笔记本方法，对典型题、易错题、真题等经常进行总结和回看，这样你的成绩才有机会得到进一步提高。

03 挑选参考书，给自己装上成绩助推器

第三种关键做法，就是要谨慎挑选参考书，给自己装上成绩助推器，进一步提高自学效率。

平心而论，有些科目的任课老师的教学水平不是很高，有时候他们讲的东西不全面，更不透彻，即使你听两三遍，也完全没有听懂，但你又不好意思再问，于是相应的知识点和题目可能就彻底搞不定了。

此外，有些老师的讲课风格可能不太适合你，所以你必须要有自学的门路。

在这个阶段，参考书就是最好的学习助手。这里建议你买两三本参考书，用来梳理基础知识，并且尽可能选择那些有知识要点大纲，讲述比较全面且简洁，课后还有简单习题的参考书。

比如在高中阶段，我就完全不适应英语老师的讲课，他总是通过讲解具体的题目来告诉你知识点。这就导致他讲的知识既没有逻辑体系，

又非常零碎松散，很难进行整理和复习。有时候，一个知识点看起来已经吃透了，但是题目稍微有点变形，我就不会做了。

在这种情况下，我就依赖参考书，通过自己的努力，把整个语法知识体系梳理出来，彻底吃透高中英语所有语法，再加上我疯狂地记单词和刷题，英语成绩提高了 20 多分，最后考了 140 多分。

因此，大家一定要学会使用参考书。你可以买两三本质量比较好的参考书，成体系地辅导自己的学习。

那么，参考书的价值是什么呢？

第一，帮你建立知识体系。 有些高中老师讲课比较喜欢依托教科书，所以将知识点在书上一条一条地画出来，这样确实比较方便你理解。

但是并不方便你学习、记忆和考试。大家可以想想，比如一本政治书，是把所有的要点都画在书上，需要你一页一页地翻找，还是把所有的知识点都使用各级标题在纸上罗列好，更方便你记忆和使用呢？当然是后者。

因此，参考书的第一大价值就是帮你建立起完整的知识体系。而且，为了防止疏漏，你可以用两三本参考书进行印证。

第二，帮你理解知识。 大家可能都有体验，尤其是在英语、数学、理化的学习当中，稍微一走神，整个题目或者课程可能就完全听不懂了。

这时候，如果手里有一本参考书，你就可以通过自学，重新理解错过的那段知识。

当然，我不是鼓励大家上课走神，然后再自学，而是我们确实会因为走神错过很多知识，长此以往，就会导致成绩上不去。

这时参考书的价值就体现出来了，它能够帮你深刻理解每一段知识。

第三，帮你集中突破一个板块。 比如现在已经进入高中的总复习阶段,但是你对某个板块的内容还比较陌生,就算老师重新讲一遍,你也不能理解透彻。

这时候,你就可以通过两三本参考书,反复查看书中写的关于这个板块的内容,集中进行突破。

同时,你可以利用参考书里的习题进行反复练习。而且,很多题目都有参考答案,你可以对这个板块反复进行集中练习、比对、总结,在短时间内见识足够多的同类型题目。

04 做 5 年真题:知道考什么,才知道怎么学

第四种关键做法,就是要做最近 5 年的真题,把真题放到无以复加的高度,因为只有知道考什么,才知道学什么、怎么学。

一方面,真题是所有复习的锚点,所有和真题不像的题目,或者不接近的题目,都可以降低其在训练中的重要性,也可以将真题看成日常训练的标尺;另一方面,做真题能让你对高考或者说考试有感觉,了解正式考试是什么样的。

很多同学一直在刷题,但是刷的都是教育机构或者老师自己出的题,总感觉差点意思。如果不知道真题是什么样的,那么你就没有一种掌控感,也不知道什么内容该花多少精力。

比如在高考数学的准备上,我就一直拒绝花太多的时间研究向量、立体几何的高难度题目。原因是,在这两个板块上,山东卷考查的题目往往比较简单。

甚至于后来,我在真题上发现了一个秘密,就是 80% 的高考真题都不算太难,可以说是送分题。我最需要做的,不是攻克高难度的题目,而是通过海量练习,把会的中低难度的题目做对。

那么，我们应该怎么选择真题，以及怎么做真题呢？

第一，集中做最近 5 年的真题。你可以每天做一套，把全国同一个科目的所有真题反复做。

做这么多真题，目的就是让你感受到真题的水平和数量，消除内心的恐惧感和神秘感。

很多老师都知道真题并不难，于是压着不让学生们很早就接触真题，希望大家做更多更高难度的题目，所以很多学生很晚才接触真题。结果是，他们一方面总觉得自己准备得不够好，另一方面对真题的形式、数量、考查重点完全不掌握。

但是如果能尽早接触真题，他们就能够知道在日常练习中，哪些是重点，哪些的重要性没有那么高。

知道这一点，大家的日常训练效率就会高得多，这完全不能同日而语。

第二，要像真正的考试一样，严格限制在 2 个小时内做完真题。

让自己找到考试的感觉，习惯考试的节奏，这样在上了考场之后，你就不会手忙脚乱了。

按理来说，这是常识性的东西，但是很多同学在高中的时候没有进行训练，只会埋头做一些支离破碎的题目，而不是做整套的试卷。他们看起来好像是在做题，但是对全局的时间管理、分数布局、真题难度通通没有把握。

第三，要通过做真题来总结和分析答案模板、判分规则。

这是一个力气活。如果老师不给你总结，那么你就只能自己总结，从标准答案中总结每种题型的常见套路，以及每个要点都是怎么赋分的。这个工作越早做，效果就越好。

很多时候，我们答题没有章法，想到什么上来就一顿写，应该写多少个要点也不管，应该以什么逻辑展开也不管，甚至还写了很多与主题无关的内容。

因为我们想的是多撒网捞大鱼。实际上，答题从来都是精准捕捞，只有在看不准的时候才会广撒网，但这样做不仅准确率低，而且很浪费时间。

第四，要用碎片化的时间思考真题，让自己进入心流状态。

如果做题太少，那么你就很难进入心流状态。作为一个学生，如果做题很少，则意味着还有别的事情填满你的时间，牵扯精力的东西越多，你用在学习上的精力就越少。

这里建议你在闲暇时或者用碎片化的时间背一背真题，想一想解决的方法和思路。比如走路可以想，等车可以想，坐地铁可以想，在大脑中模拟解题过程，甚至不用太费力，你就能够把真题背下来。

当你能够达到这种境界的时候，就意味着你的大脑得到了充分高效利用，你已经全身心投入到这个工作当中。当你再看到类似的题目时，就会本能地给出解题方法，因为这类题目的各种变体已经在你的大脑中转过无数次了，所以你会如鱼得水。

05 建立梦想参照系：你离自己的梦想大学，还有多远

第五种关键做法，就是一定要有一个梦想参照系，要明白自己的梦想大学是什么、目标是什么，以及离目标还有多远，应该如何达成这个目标。

这就是我们前面讲过很多次的，你一定要知道自己想去什么学校，以及历年来考上这所学校大约要多少分，然后倒推出自己需要考到多少

分，以及每个科目、每个板块要考到多少分。

很多人会觉得这样压力太大，认为不要太关注学校，也不要太关注分数为好。实际上，这些都不是强人心态，目标性也不够强。

如果你不知道自己想要达到什么水平，那么就意味着你根本达不到这个水平。

很多人直到高考完，才知道自己的这个分数能够上什么大学。他们不知道想去自己心仪的大学应该考多少分，甚至连名牌大学的名字都叫不出来几个。

有目标和没目标，带来的结果是显著不同的。在日常训练中，如果没有梦想的驱动，那么你只能单纯地靠意志力和惯性来解决问题。很多老师还美其名曰，认为这样会让学生感觉放松和自然。

但是所谓的放松和自然，不是漫无目的，而是知道自己的目标，全力以赴之后的轻松和释然。

当然，也可能会有这样的学生，他们知道自己的成绩和心仪大学之间的差距之后，产生深深的挫败感，感觉自己完全没戏了，于是就此放弃，或者心甘情愿上次一等的学校。

古人说：求上得中，求中得下，求下而不得。如果你追求的目标很低，那么你得到的大概率是一个更差的回报。

所以，你要思考的是，如果自己的梦想和目标差得太远，你应该怎么冲上去；而不是如果距离太远，你应该怎么放弃，或者选择一个更低的目标。

06 培养强人心态：自强，是解决一切问题的根本

第六种关键做法，就是要培养强人心态。

我接受过很多咨询，发现有些人之所以一事无成，一个很重要的原因就是缺乏"强人心态"。他们总觉得自己又笨又倒霉，而且又懒又不主动，但是又想要很多东西，就滋生了无穷的怨气，于是就想着走捷径，或者走一些歪门邪道。

但是大家要知道，心态不够强，所有问题都解决不了。

比如有的同学格局太小，别人向他请教问题，他坚决不分享，总觉得教会了别人自己就落后一点。这就叫敝帚自珍、故步自封。其实你不是在和周围的同学竞争，而是在和几十万人竞争，没有大格局、大胸怀，就算一两次考好了，最终也不过是一个无名小卒，进入社会也不会有大的发展。

有的同学恶意竞争，会去举报别的同学，会偷偷破坏别人的参考材料，甚至当别的同学遭受挫折时，会心中窃喜。

还有的同学就像我们前面讲的，稍微遇到一点挫折，就想放弃、发牢骚、求安慰。实际上，这些都不是具有远大前程的表现。

真正的强者是心里有苦，嘴上不说，默默擦亮自己的武器，奔赴下一场战斗。

我们要知道，高考只是人生中的一个小节点，做好这件事情，靠的是全面输出自己的潜力，靠的是光明磊落的胸怀，靠的是鹏飞万里的志向，搞一点小动作，动一点小心思，永远不能让你成为一个值得尊敬的人。

与其说要考出一个高分，去自己心仪的大学，毋宁说你准备成为一个什么样的人。

成为一个坚强的奋斗者，才是这场战斗的核心。

第 21 章 写给考研：
在 500 万考研大军中，6 招逆袭上岸

大家都知道，2022 年考研形势非常严峻，有 457 万人考研，其中 300 万人被淘汰了。

而到了 2023 年，考研人数进一步增加，达到 520 万人，可以说是空前高涨，竞争难度呈指数倍提升，很多人压力山大。

但似乎又不得不考，因为现在求职的难度丝毫不比考研小，应届生的就业率也不高，考公的难度也很大，所以都想要考研。如果考上了，起码在学校里还能再待两三年，等到就业形势好一点再找工作。

作为已经上岸的考研人，我深深知道大家焦虑的点是什么。

- 一方面，考研很难，其本身竞争就很激烈，现在竞争对手多了两三倍，可能意味着考研难度涨了十倍不止。
- 另一方面，考研真正的难度并不完全在于考研本身，还在于那种前途未卜的焦虑和迷茫——如果考不上放弃了太可惜，还浪费了应届生的身份，不放弃的话又没把握，万一第二年还考不上压力就更大了。

实际上，当年我考研的时候，也面临着同样的焦虑，各种不确定性交织在一起，就会让人产生强烈的畏惧心理。

我深深地理解考研人，所以特别想要帮助大家。下面就分享我的经验，以及这几年我做"个人成长"博主得来的一点学习方法。

01 心理准备：改变学历最后的机会，你准备好了吗

考研的第一个关键，就是你要审视自己，是不是真适合考研，或者是不是真想考研，万一考不上有没有做好二战的准备。

对于绝大多数人来说，考研是改变学历最后的机会，因为毕业以后想要再考全日制硕士研究生，就会千难万难。很多人对学历有心结，大学毕业时考研，无疑是改变自己的最高学历的最好方法。

在准备考研之前，你一定要做好心理准备，这是一条充满巨大压力的道路，你需要面临很多现实的挑战：考研就意味着耽误找工作，考研失败就意味着可能没有学上，即使二战考研也未必能过，二战也未必能过复试，考研成功也未必好找工作……

所以在这种情况下，你更是要清晰地审视自己，到底是不是真的要考研。

之前，我有一个研友，冲得有点猛，但是对自己的认识不足，准备也不够充分。

第一年考北大的 A 专业，结果总分数距离分数线差了 50 分，英语分数线为 55 分，他考了 32 分。

第二年又考北大的 B 专业，总分数距离分数线差得更多了，差了 70 分。因为直到 11 月份，也就是距离考试还有不到两个月的时候，他才发现自己看错了辅导书，准备了 8 个月的学习全都泡汤了。但尴尬的是，他的其他科目成绩也没涨，英语只考了 30 分，比第一年还退步了 2 分。

对于很多同学来说，考研更大的问题，还是在于上了三年大学，已

经基本把刻苦学习的当家本事全部扔掉了。想要再像高中那样一连几个月，保证长时间坐在一个地方认认真真学习，已经千难万难，甚至于就算想学也未必学得进去。

也许有的朋友会说，你这不是劝退吗？那买你的这本书有什么用？

答案是依然有用。如果这么几句话就能打击到你，则说明你是真的不适合考研，早点被人劝退，说不定还是一件好事，起码能省出一年来干点别的。

当然，也有的同学会咬紧牙关，表示：你说的这些问题，我早就有了心理准备，我不仅有决心硬着头皮往上冲，而且还做好了再战一年的准备。

如果是后者，那么恭喜你，起码你已经成功了第一步，有了排除万难的决心，做好了破釜沉舟的准备。

那么，在有了决心之后，应该如何准备考试呢？

02 研究经验帖：学习教材、复习计划

考研的第二个关键，就是通过研究师兄师姐的经验帖，准备学习教材，制订复习计划。

第一个要关注的点，就是学习教材。

考研和高考不一样，很多学校是没有指定教材的，尤其是文科类专业，需要你阅读大量的专业书籍。

但是你不要害怕。虽然硕士研究生是研究人员的储备军，需要阅读大量的专业书籍，但是研究生入学考试作为一种考试，还是有诀窍的。

这个抓手就是你想考的那所学校已经上岸的师兄师姐的经验帖，他们会把整体的书目范围画出来，同时还会大致告诉你，哪些书最重要，

哪些书次重要，哪些书看看就可以。

我当时就是看了十多个师兄师姐的经验帖，筛选出一个包含五十多本书的书单，然后又进一步筛选出一个考试书单，大约有十来本书，其他的书都是用来提升学术素养的，不读问题也不会很大。

第二个必须要关注的点，就是复习计划。

很多同学生怕自己考不上，所以从大一、大二就开始准备考研。但是因为考研是一个特别辛苦的过程，如果你准备得太久，又很容易特别疲惫，到了大三正式要考研的时候，状态反而可能不好了。

大家可以深入地研究前人的经验帖，看看大多数人都是从什么时候开始准备考研的。

我是从 2013 年 5 月开始准备考研的，相当于准备了 7 个多月就考上了。因为我深入研究了大量的考研经验帖，并根据前人的经验总结制订了复习计划。

当然，可能我还是有一点晚了。因为很长时间没有学习，直到 6 月份才完全调整好状态，正式进入复习。

大家可以根据前人的经验筛选出考试常用书单，制订符合自己诉求的复习计划。

在筛选书单的时候要特别谨慎，尤其是那些要考自主命题的学校的同学，一定要注意，别像我的那个研友一样选错书，最好将多个考研经验帖进行对照，仔细筛选。

如果有条件的话，则可以请已经考上的前辈多多给予一些参考意见。

03 社交与人际关系：考研是一场孤独的战斗

考研的第三个关键，就是要谨慎管理你的人际关系，不要在人际关系上花费太多的时间。

大家可以看我们前面讲过的内容，我更加强调个人的巨大潜能，而不太建议大家在人际关系上花费太多的时间。因为考研是一场孤独的战斗，你只能依靠自己战斗。

考研需要你慎重对待人际关系。因为大学生已经是准社会人了，这时候可能有男女朋友，可能面临找工作，如果是考在职研究生的话，可能还要面临家人和工作的压力。

所以管理好社交和人际关系，是非常关键的一环。

首先是感情问题。因为恋爱谈崩了而放弃考研，或者因为考研而放弃一段感情，都是非常常见的。这时候人本身的压力就比较大，再加上学习任务又重，所以经常会因为感情问题处理不当而搞得鸡飞蛋打。

我就认识一对情侣，女生考研上了北大，而男生没考直接来北京工作了，这就意味着两个人分处校园内外，感情状态一直不好。

后来这个男生觉得自己的工作不好，于是重整旗鼓，准备考清华大学的研究生。准备考研后的两个月两人没怎么联系，直到有一天他遇到女生牵着另一个男生的手在校园里散步。面临女朋友劈腿的他，当然也就没法继续考研了。再后来，因为考研、工作、感情都不顺，男生就离开了北京这个伤心地。

可能很多人觉得，感情不会影响考研，或者明知道感情可能会发生问题，但就是下不了狠心。

也有些人没有谈恋爱，但是在考研期间发展了恋情。因为长期相处，和周围的研友暗生情愫，就逐渐走到了一起，最后两个人都放弃考研了。

我必须提醒大家，如果你真的想考研，那么一定要认真处理好自己的感情问题。

其次是社交问题。 有些人特别喜欢组织考研小组，就是几个人虽然不考同一所学校，但是一起抱团考研，相互激励，互相占座。

这里建议你在加入考研小组时一定要非常谨慎，或者干脆不要加入考研小组。

一方面，很多大学生的生活习惯和学习习惯一团糟，可能你根本想象不到，一起准备考研后，若互相不习惯，再想断舍离，就会影响学习。

另一方面，考研压力大，大家的情绪比较敏感，心情紧张，如果考研小组中有一个负面情绪很重的同学，就会极大影响你的心情。

再加上考研是竞争性考试，看到考同一所学校、同一个专业的对手，你难免会有压力，会忍不住打听和关心对方的学习进展，这就会导致心理压力的进一步加大。

因此，管理好自己的社交圈尤其重要，最好是保持舒适、积极、正能量。

不要害怕孤独，因为考研本来就是一场孤独的战斗。

04 考研英语：做好 4 点，秒杀 50% 的竞争对手

考研的第四个关键，就是英语。

前面我们讲过，考研英语是一道巨大的门槛，每年落榜的同学，有三分之一到一半是因为英语不过关。很多考生的英语成绩达不到 50 分，这也从侧面证明了考研英语的难度。

那么应该怎么提高英语的成绩呢？

考研英语的第一个关键，是单词。

如果说中、高考的英语考试，有些单词不认识还不太影响成绩，或

者可以依赖上下文猜意思，但是考研英语就不一样了，可能有一大片单词你都不认识，这就严重影响成绩了。

对考研英语单词的记忆，关键就在于重复、重复、再重复，正着记，倒着记，变着花样记，可以说记多少遍都不嫌多。

我当年考研应该是记了50遍左右，把单词"红宝书"都翻烂了，最后考了近80分，算是不错的。如果要我说，记单词可能占一大半的功劳。

具体是怎么记单词的，前面已经讲过了，这里不再赘述。

考研英语的第二个关键，是真题。

这里建议大家要反复做真题，通过真题来感受正式考试的难度，而且要给自己限定时间，按照正式考试的时间节点来要求自己。尤其是在考研前几个月，要反复通过真题、真题模拟题来适应考研的难度。

很多同学高考的时候可能英语考了一百二三十分，或者四六级考试考了五百来分，觉得考研英语应该不是难点，但是一接触真题，就明白自己错得到底有多离谱了。因为这两种考试完全不是一个量级的难度，如果一开始不做真题，就会一直有错误的估计。

考研英语的第三个关键，是阅读理解。

阅读理解可以说是单题分值最大的题型，同时也是难度最大的题型。如果你已经攻克了单词，那么剩下的就是长难句了，你需要花大量的时间来研究阅读理解的长难句。通过反复刷题，聚焦长难句，专门研究长难句，这个问题是可以有效解决的。

注意，这里不是说单纯地刷题，而是在掌握单词的基础上，把阅读理解里的长难句挑出来，研究其成分、语法和逻辑，你才可能有进步。

考研英语的第四个关键，是大小作文。

很多人以为，想要写好大小作文，关键是要背诵很多范文。实际上不完全是，背诵范文虽然有价值，但是不代表你就能写出范文。更关键的是，你需要多研究经典的结构、金句、名人名言，融会贯通，写进自己的作文中。而不是单纯地背诵并应用那些常见模板，因为这会让阅卷老师感觉非常俗套。你不如在常见的经典模板上不断添加自己积累的元素，逐渐丰富，打造出自己的个人风格。

写作文在于练习，而不在于背诵和记忆。你要把写作操练起来，写作技巧才可能有实质性的提高。

我的经验是，每三天左右可以写一篇作文，或者可以根据自己做真题的频率来相应地写作文。哪怕写得很差，也要勤写保持手感，每次把积累的素材化用进去，用上三五次，这些素材就会变成你自己的知识。

05 专业课、数学、政治

考研的第五个关键，就是专业课、数学、政治。

将专业课、数学、政治放在一起来讲，是因为有一些通用的方法适用于这三者。其中有的方法前面已经讲过了，这里结合实战再给大家分析一下。

第一种方法，费曼学习法。

这种方法我们强调过很多次了，可以说是高效学习的"大杀器"。简而言之，就是把学到的知识复述出来，如果讲不明白，则说明你完全没有吃透，就重新学习讲不明白的地方和讲混乱的地方，然后再讲一遍。

这种方法很简单，但是可能有人会嫌麻烦，他们更喜欢自己反复看书、背书、做题。

实际上，如果你能主动使用费曼学习法，则效果会好得多。比如当年的考研政治，我以为很多地方自己都已经吃得很透了，但是当真正落实到纸上的时候，就发现完全不是那么回事儿。

于是就找同学对着讲，你给我讲一遍，我给你讲一遍。后来发现这种方法很好用，就先自学，然后讲给周围的人听。

专业课也是一样的，在那半年左右的时间，我给周围很多人都讲过传播学和大众传播，至今有些人还记得传播学的祖师爷叫威尔伯·施拉姆。

当你反复讲的时候，你的思维也在被反复锤炼。因为在讲的时候，你没有办法停下来回忆、思考，说不出来就是不会，说不顺溜就是不熟。你没有办法欺骗自己，也没有似是而非的中间状态。

第二种方法，知识框架。

很多同学喜欢一上来就看书，但实际上最重要的是先看目录，了解整个大的知识板块在讲什么，分别有什么时间节点、知识节点、人物节点、逻辑结构。

比如专业课和政治，重要的是先搭好框架，然后依托框架填充知识，在提取的时候也可以依托框架。

大家可以回看知识框架那一章，这里就不再赘述了。

第三种方法，暗时间。

在你买菜、吃饭、睡觉、坐公交车的时间里，你没有主动意识，思维处于混沌状态，要么是在发呆，要么是在胡思乱想。这些时间就被称为暗时间。你可以充分利用这些时间，思考自己学到的知识，思考自己的计划和遇到的问题，这样你的消化能力、思考能力就会大大提高，你工作和思考的时间也会大大延长，充分开发自己的潜力。

请大家记住一句话，"忘我胜仙佛"。

当你一直想着一件事情的时候，你的大脑就像待机不休眠的电脑，一直在进行运算。

门捷列夫就是日思夜想一个问题，甚至在睡觉之前还在想，把问题装在脑子里，结果在梦中梦到了元素周期表。这实际上就是"日思夜想"的价值。

所以要充分利用好暗时间，对于专业课、数学和政治来说，它都可以成为巨大的"杀器"。

第四种方法，真题、周期测试。

专业课或者高数和考研政治、考研英语可能不太一样，很多学校都是自主命题的，或者题目的可参考样本比较少，甚至模拟题也比较少。

所以你应该在真题的基础上自己给自己出题，或者想尽办法寻找一些模拟题，对自己进行小周期的测试。这既是为了让自己保持做题的敏感度，同时也是为了锻炼自己适应高强度的输出。

很多人都没办法在 3 个小时内保持高质量的高效输出，这是非常不利的。

考研和高考完全不一样，不仅因为很多"985"学校自主命题，而且有很多专业完全是新开设的，可以借鉴的题目、思路都不多，这就需要你主动地给自己寻找抓手，让自己模拟考试的状态。

06 看论文和联系导师

考研的第六个关键，就是看论文和联系导师。

很多人会特别纠结，在考研的时候，自己是不是应该提前联系导师，以及把所报考学校导师们的所有论文、微博和公众号都看一遍。

我个人和周围人的经验是，不需要过度关注，也不需要和导师联系得太多。因为考研作为一种选拔性考试，导师是不可能给你提供任何意见和知识支持的，尤其是在初试阶段。当然，也有个别案例，但那是相对罕见的情况。大家更需要关注的是所报考学校每年的研究生招生计划，看自己报考的专业招生是否有变化。

有些学校可能是自主命题，看起来导师的作用大一些。如果大家不放心，则可以研究过去几年的真题，看真题里有没有特别多个性化的题目。

而关于联系导师这件事情，你很难知道导师对你会是什么态度，不可控性太大了。如果这个导师在面试委员会，他也可能会因为避嫌而降低你的分数，或者保持客观理性的状态。如果这个导师不在面试委员会，那么你联系他，可能意义就没有自己想象的大。

何况给导师发邮件，或者想要见面的学生很多，会不会给导师留下一个善于钻营的印象，你也不知道。

所以理论上，建议不要在初试阶段联系导师。如果进了复试，实在不放心的话，也可以联系一下，但是不要抱太大的希望。

考研和高考有非常大的不同，甚至于考完研的人，都感觉自己像被扒了一层皮。

但是不管胜负，我都希望大家能够不留遗憾，能够真正地审视自己，想要过一种什么样的人生，是全力以赴实现自己的梦想，还是嘴上说说而已。

建议大家在没有想清楚时，不要轻易地立一个巨大的 flag。

很多同学都跟我说过，北大是其梦想，高考考得不太好，所以想要考研冲一把北大。说自己深夜绕着北大走了好几圈，那种激动的心情还是很难平复。说自己一定要考上北大，一战不行就二战，一定要成功。

有的人在开始的一两周，可能还在朋友圈发自己看书的照片，但两个月之后就销声匿迹了，因为实在受不了这个苦；

还有的人准备了四五个月后，就退出考研了。因为别人都在找工作，他也试了一下，没想到找到了，于是就顺理成章地退出了；

还有的人好不容易坚持到考试，但是因为觉得自己准备得不好，就没有上考场；

还有的人因为某一科没考好，就放弃了剩下科目的考试。比如政治没考好，英语考试就没去，或者英语没考好，数学和专业课考试就没去。

千万别以为我在胡说，每一科结束，都起码有 10% 的人弃考。如果你能在考场上坚持到最后一科的最后一分钟，你周围连 20% 的人都剩不下。

这既是一场体力和脑力的对决，也是一场心力和愿力的对决。自己有多渴望实现这个梦想，自己愿意为此付出多大的代价，可能是很多人必须要想清楚的问题。

但是不管怎么说，我都希望你不留遗憾，能为自己的梦想冲一把。

第22章　成人学习：
走上社会之后，如何准备考公、考编、职业资格考试

很多朋友在进入社会之后，还需要继续学习，尤其是在这个逢进必考的年代，还需要参加各种考试。

但是在工作了几年之后，你就会发现，考试和学习是一件非常困难的事情。

有一个段子：为什么你小的时候什么都能学会，长大了以后学习东西就很难了？是因为长大了以后脑子变笨、变慢了吗？不是，是因为你的父母打不过你了。

当我们成年以后，自己能够做主了，能够约束我们的人越来越少，只有少数规则还可以约束我们。

其实考公、考编、各种职业资格考试和考研一样，我们经常在坚持不住的时候想要放弃。

我们既要继续本职工作，毕竟要养家糊口，还要照顾家庭，照顾老人和孩子，时间和精力都有限；更关键的是自己已经很久不学习了，一碰书就想睡觉，明知道应该学习，但就是提不起劲头，什么都学不下去。

那你还学不学、考不考呢？

当然要学，当然要考，因为这意味着自己人生的进一步发展。

更何况很多人考公、考编和参加各种职业资格考试，本身就是为了谋生。

不管你处于哪个年龄段，困难永远都会存在，但是方法远比困难多，你要想尽办法把学习效率提上来，同时把学习中的阻碍打掉。

具体的学习方法，我们前面已经讲过了，用来提高效率足够了。

对于成年朋友们来说，我们可能需要讲一点心态、情绪上的东西。

01 不要想太多，干就完了

第一个关键，就是不要想太多，干就完了。成年人准备考试，不管是考公、考编，还是参加各种职业资格考试，最重要的是先上手干起来。

大家可以看到，我给不同的人群提出的建议是完全不一样的。对于已经走上社会的人来说，最重要的不是先研究题目、书目等，而是先上手干起来。

当一个人走上社会几年之后，纠结、焦虑的东西就会显著增多。大多数人的失败，并不是因为坚持太难，而是因为放弃太简单，随便一个理由就会诱惑你放弃，但这时候已经没人能够督促你学习了。

你可能会因为太多的内耗、太多的诱惑、太少的约束，而降低自己的行动力，甚至会觉得自己做这件事情没有动力，到处寻求安慰和鼓励。或者你筹划得过于缜密，最终因为搞得太复杂，而迟迟不能动手。

解决这种问题，唯一的方法就是赶紧采取行动，先收集信息，发现难点和关键点，然后再想解决办法。

在项目管理当中，有一个词叫"哈德逊湾式启动"。

"哈德逊湾式启动"源自 17 世纪成立的哈德逊湾公司，它是世界上历史最悠久的公司之一。这家公司在冬天出海运送皮毛，但是因为出海的时间很长，所以要带的东西也就很多、很杂。

他们发现，当在港口上想还有什么没带的时候，不但会花特别多的时间，而且关键是没什么用，经常是在再三确认之后，出了海还是会发现有东西没带。

于是，他们索性换了一种方法，就是在大体准备好之后直接出海，在离港口几英里的地方停一段时间，检查自己到底有没有忘带东西。因为这时候很多东西已经开始用起来，若发现什么东西没带，就可以回港口再准备，既不太耽误时间，准备也更周密、充分。

这种方法，在大公司做项目时很常见。

实际上，对于成年人来说也是一样的，你再怎么思考周密，大概率也会有东西想不到。智者千虑，必有一失。那你还不如先干起来再说，边打边想边准备，可能效果反而会好得多。

其实很多人都选错了方向，在心态和准备上浪费了太多时间。

02 通过目标倒推行动

第二个关键，就是通过目标来倒推行动。

从目标倒推行动，意思就是要明确，假如要实现这个目标，你起码要考多少分、排多少名，然后根据历年的分数和排名来规定自己每科要考多少分，以及每个板块的题目大体能错多少。

最后，根据每个板块的日常练习情况，给自己制订一个练习计划，也就是 OKR 计划。

有的人学习毫无目标和计划，今天看书、明天刷题、后天趴在桌子上写申论，累得腰酸背疼腿抽筋。但是你要问他当下做的这些事情，和他要准备的那个考试到底有什么关系,他多半说不上来。

因为考试太遥远,自己又没有明确规划,所以就一直闷头儿在准备,刷书、刷题。

在心理学上,有一个词叫"时间贴现"。这是1984年经济学家Mazur提出的一个模型,就是时间越长,我们对时间的感知和对未来收益的感知越弱,根据长远目标管理当下的能力也就越弱。

很多人也是一样的,不管是要进行注册会计师考试、法考(国家统一法律职业资格考试),还是要考公、考编,因为未来太长了,所以就不太会根据长远的目标来思考当下应该做什么。

看起来学习很勤奋,但是你当下做的事情到底和自己的目标有什么关系,你不一定真知道。

这里建议大家,在目标固定之后,倒推出每一步的步骤,聚焦自己的日常练习,同时把练习结果与自己的大目标、分目标做对比,不断调整工作和节奏。

你可以通过学习日记不断地给自己反馈,并进行修正,记录自己的成长。

千万别觉得麻烦,因为在进入社会之后,就没有老师督促你了,也没有同学们一起学习的环境了,大概率要靠自己督促自己,所以你需要把这些内容固化成一个个清单列表,每天都进行打钩对照,确保自己不偏航、不落后。

还是那句话:自律者,得自由。

03 用定量标准指导工作

第三个关键,就是一定要制定量化的标准,并根据这个标准工作。

因为只有把目标量化了，你才能知道自己离目标还有多远，自己下一步应该做什么。

比如考公，要练习1 000篇申论，但现在还有100篇没写，你是放下工作去玩，还是马上起来写申论？

或许你今天放下了笔，但是你也很难假装不知道，你会越来越焦虑，哪怕玩得特别爽，也会重新回来写申论，因为你放不下已经写完的那900篇，不愿意白白浪费。

当然，1 000这个数字是我随口说的，但是一旦用数字明确了目标和当下的关系，你需要做什么就一目了然了。

所以你一定要在学习当中量化自己的工作指标，比如你要记10遍单词，现在记了5遍；你要把注册会计师的书看完一遍，做完3套真题；你要在一个月内写完10篇申论。

当能够直观地看到自己的进步时，你就会发现自己前进更有力量了，也更能有针对性地加以练习了。

04 管理生活中的负能量，以及那些让你分心的东西

第四个关键，就是要管理生活中的负能量，以及那些让你分心的东西。

这一点很关键。因为随着年纪的增大，生活中依赖你的人和事会越来越多，而其却不可避免地会影响你。你本来冲劲就不大，如果生活中分散你心神的事情和负能量一多，冲劲就更小了。

这种情况非常之多，比如父母一直嫌你考不上公务员，孩子需要你照顾，领导和同事一直在贬低你。

以上都是显性的困扰，还有一些隐性的困扰。比如家里乱糟糟的需

要收拾，每天都要应付很多难缠的顾客，每天都被抖音、外卖、游戏等这些好看的、好吃的、好玩的东西刺激。

于是，你总感觉自己对什么都提不起劲头。一方面，需要你付出正能量的地方太多，但你的正能量有限；另一方面，很多东西一直在刺激你，所以你对学习完全提不起兴趣。

这就需要你尽可能对自己的生活、社交环境、信息系统、娱乐系统进行积极管理。该卸载的 App 尽快卸载，该绝交的损友尽快绝交，该远离的亲戚尽快远离，家里该扔的东西赶紧扔掉，尽可能让生活更加简单，把更多的心力、体力、脑力花在有价值的地方，而不是鸡零狗碎和鸡毛蒜皮上。

05 在生活和学习中，建立仪式感

第五个关键，就是要建立日常的仪式感。

前面我们说过，如果你的日常生活特别琐碎，或者你的目标特别遥远，你会很容易感受不到目标带来的力量和感召，你会很容易感到厌烦，特别容易失去对生活的掌控感。

如果你有这种感觉，则说明你应该在生活和学习中建立仪式感。

什么是仪式感呢？就是一些经常可以做的、没什么成本的小事，就好像生活中的锚点，让你感受到生活的真实和趣味。

比如你可以使用学习日记，每天晚上花半个小时，总结自己今天的成长和挫折，并提出解决办法。

比如你可以保持对暗时间的使用，平常散步、吃饭、等车的时候，在脑子里放一个具体的问题。

比如你可以每天起床冥想，甚至发呆 10 分钟，有效提高专注力。

让这些小的习惯，成为你生活当中的一个个小锚点，让你不管怎么繁忙、焦虑，都能够感受到生活和学习的趣味，都能够在学习中感受到扎扎实实的进步。

这些小事，如果你每天都能做，一方面，你会感觉自己很有成就感，毕竟把事情做成了；另一方面，你能够感受到自己对生活的掌控感，感受到学习的进步，而不是每天无所事事，更不是每天瞎学，却不知道有没有进步，让你感受到生活和学习的意义与价值。

这些小的习惯其实是很棒的，既能够提升你的生活质量，也能够提升你的学习效率。

但是至于想要养成什么习惯，你可以多多探索。

到这里，本书就告一段落了。

*　　　　*　　　　*

我常常说，学习就是对自己加以训练，改变自己的想法和行为逻辑，在这个世界上找到适合自己的位置。

所以本质上，你认为自己应该成为一个什么样的人，就努力通过学习让自己变成这样的人。

如果你想要更大的世界、更好的生活、回报更多的工作、更加体面的衣食住行，那么学习就是最简单的跃迁路径。

相信我，学习已经是这个世界上最简单、回报最直接的事情了。你花了多少时间、这套学习方法你坚持了多久、你有多少耐心，都能够获得很直观的答案。

学习,是现在这个社会上少数不和背景、资源、社会关系挂钩的东西,趁现在还有机会学、有机会考,就应该紧紧抓住。

至于有人可能会说:我起不来床,我不能晚睡觉,我学不进去,我没有耐心,我没有时间,所以我学不好。那没有办法,如果你能够跨过这些困难,你就能和别人区分开;如果你实在克服不了,你就只能眼睁睁地看着别人和你区分开。

还是那句话:重要的不是你面临什么样的困难,而是你准备成为什么样的人。

最后,希望每个同学都能够一战功成,早日上岸。

祝福大家,我们再会。